Collection
Figures de justice
Dirigée par
Olivier Beauvallet et Denis Salas

Juger à hauteur d'homme

Avec le soutien de l'Association française
pour l'Histoire de la Justice

9, rue de l'École-Polytechnique – 75005 Paris
www.michalon.fr
ISBN : 978-2-347-00386-9

Jean-Pierre Getti
avec Ludovic Daim

Juger à hauteur d'homme

Michalon Éditeur

Pour Audrey, Antoine et Thibault
qui sont mon plus beau parcours de vie

« Chaque homme est coupable
du bien qu'il n'a pas fait. »

Voltaire

Avant-propos

Pourquoi raconter ? Les affaires que j'ai connues sont, pour la plupart, semblables à celles que les médias rapportent chaque jour. Leur succès renouvelé témoigne du goût de la société pour ces faits divers qui, lecture et actes confondus, pourraient faire désespérer du genre humain. Certaines ont acquis une relative célébrité sans qu'aucune, et pour cause, n'ait même espéré « épuiser le sujet ». Pour autant, quel acteur n'a pas l'envie de parler de ses meilleures pièces, de celles qu'il pense avoir le mieux illustrées dans ses rôles sur le vaste plateau de la comédie humaine auquel aucun de nous, du plus vertueux au plus sombre, de l'indifférent au curieux, n'échappe ? Quel spectateur n'a pas envie d'en savoir un peu plus, quel criminel ou délinquant qu'on en sache un peu moins ?

Pourquoi écrire maintenant ? D'autres l'ont fait avec grand talent. Je n'ai jamais eu le goût de me livrer, de me mettre en avant, et je suis de nature réservée. J'aime raconter à mes proches, mes amis quelques moments marquants de mon expérience professionnelle, mais l'idée de pontifier m'est détestable. Jamais je n'ai véritablement éprouvé le besoin de coucher ces affaires par écrit.

Cependant, petit à petit l'idée a germé, jusqu'à ce que je rencontre Ludovic Daim. Nous nous sommes compris et sa connaissance du monde judiciaire, des affaires pénales, la

pertinence de ses questions, sa simplicité d'approche m'ont convaincu.
J'espère seulement que partager mon témoignage judiciaire, presque exclusivement consacré à l'univers de la criminalité, pourra assister et guider le lecteur, homme ou femme, dans sa réflexion sur l'œuvre de Justice.
La première fois que je suis entré dans une enceinte judiciaire, c'était pour déposer mon dossier de candidature à l'École nationale de la magistrature (ENM) au secrétariat du procureur de la République à Bobigny.
Je ne savais rien de la Justice. De la manière dont elle se rendait, des usages, des codes, des rites. Et peut-être même, dois-je aujourd'hui l'avouer, sa finalité ultime.
Je découvrais alors ce qu'était un palais de justice. En fait de palais, à l'époque, il s'agissait de préfabriqués. Le tribunal actuel n'existait pas. Dans l'un des préfabriqués se tenait ce jour-là un procès d'assises. Je me suis assis au fond de ce prétoire de circonstance. Je ne saurais plus dire aujourd'hui de quelle affaire il s'agissait. Tout ce dont je me souviens, c'est que j'ai été saisi par ce que je voyais, ce que j'entendais. L'intensité humaine, les confrontations, les revirements, l'instruction et la conduite des débats par le président… J'avais l'impression d'être dans un roman policier. Un polar vivant.
Revenu bien des années plus tard à Bobigny, dans ces mêmes préfabriqués réutilisés le temps de travaux d'extension du Palais de justice, je n'étais plus au fond de la salle : je présidais une session d'assises. Je n'ai pas retenu les affaires que nous avons jugées alors : juste le souvenir d'une émotion, très forte, très symbolique du parcours accompli, depuis ma première entrée curieuse dans ce tribunal, vingt ans plus tôt, en candidat magistrat. La boucle était bouclée.
Mon attrait pour la justice pénale, je l'ai toujours ressenti. La matière pénale colle à la nature humaine, à l'évolution de la société, au mystère d'interdits majeurs et à l'évidence

intime de leur répulsion générale, pourtant franchis par des « gens ordinaires » dont sont victimes tant d'autres « gens ordinaires ». Les règles juridiques et judiciaires, si sophistiquées qu'elles peuvent parfois paraître, imposent aux acteurs que sont les enquêteurs, les procureurs, les avocats, les juges ou les jurés un engagement paradoxal au contact de ce qu'ils réprouvent d'instinct et doivent traiter avec équité et humanité. C'est un exercice souvent exigeant et qui questionne – parfois trouble aussi – le profond de leurs sentiments et de leurs convictions.

Pratiquer ces principes, règles et techniques « froides » que sont le droit pénal et la procédure pénale, les appliquer en conscience et avec humilité participe à un enrichissement personnel majeur : le faire dans une activité professionnelle continue impose une responsabilité très particulière qui touche et saisit, le plus directement et intimement qu'il soit, au destin des personnes.

Le théâtre du procès n'est ni factice ni (seulement) dramatique au sens des tragédies grecques, mais il met à jour un condensé soudain et clos de l'humanité réelle à l'état brut.

Traiter de cette matière juridique et judiciaire – qui s'est construite à partir de tant d'expériences, de débats, de réussites et d'erreurs, de questionnements et, il est vrai, de remises en cause – correspond aussi à ma propre conception de la société et du rôle que je peux y jouer. Je suis parfaitement conscient que la place du magistrat pénal contribue au fonctionnement des normes de conduite sociale, notamment dans la résolution des conflits et du respect des règles essentielles de la vie commune. Cela lui impose et sanctionne des obligations conçues pour être incontournables.

Maîtrise du droit, respect des personnes (de toutes les personnes), ouverture aux autres, expérience des situations et des acteurs (parfois les pires), exigence d'une compétence objective, sens de la responsabilité individuelle et sociale, bienveillance et humanité en font un métier à hauteur d'existence humaine.

Le sujet et la démarche de ce livre sont donc de fournir un ultime témoignage.

DEVENIR JUGE

« Un juge habitué est un juge mort pour la justice. »
Charles Péguy

« Le droit, ça mène à tout, même à rien »

Je suis un enfant de la Bastille, de l'Arsenal, de l'île Saint-Louis. Je suis né le 19 mai 1947, boulevard Bourdon à Paris, au domicile de mes parents, dans la chambre de ma grand-mère. Nous étions six enfants.

Chaque année, nous partons entre frères randonner à vélo, en France ou à l'étranger : dans le Massif central, en Bretagne, dans le Jura, en Belgique ou aux Pays-Bas. C'est un moment important de retrouvailles.

J'ai vécu une enfance heureuse. Mon père était avoué. Il avait repris une étude à Beauvais, s'y était installé avec ma mère. Le sud de la Picardie lui a toujours plu. Des années plus tard, ils acquirent une maison de campagne, lieu de grandes réunions familiales mémorables. Lieutenant de réserve, mobilisé sur le front en 1939-1940, fait prisonnier en juin 1940 avec ses hommes, il a passé cinq ans en Allemagne, dans un oflag. Ma mère avait rejoint la zone libre dans le Cantal. À la Libération, ils se sont retrouvés à Beauvais, mais leur maison avait été détruite dans un bombardement anglais, rasée comme l'étude de mon père, avec toute la ville, hormis la cathédrale, épargnée par une sorte de miracle. De toute façon, mon père n'avait plus de clientèle, rasée, elle aussi, par d'« aimables confrères », comme il disait. Il a donc changé de voie. Il est devenu directeur de la Caisse nationale d'allocations familiales créée par de Gaulle et les

ordonnances de 1945 instituant la Sécurité sociale. Il a mis en place le versement des prestations, décliné l'organisation dans tous les départements. Une fois à la retraite, il a poursuivi bénévolement son activité au sein de l'Union nationale des associations familiales, fidèle à ses convictions profondes.
Les Getti sont originaires d'un petit village de Toscane, Tereglio, situé dans l'une des hautes vallées des Apennins. Ils sont arrivés d'Italie en France au XVIIe siècle. La mère de mon père était une Champetier de Ribes, famille illustre de juristes du Béarn avec laquelle je n'ai eu que peu de contacts. Mon grand-oncle Auguste Champetier de Ribes, avocat, fils de notaire mutilé en Meuse pendant la Grande Guerre, ministre démocrate-chrétien imprégné de catholicisme social sous la IIIe République, président du Conseil de la République sous la IVe, fut l'un des quatre-vingts parlementaires à refuser de voter les pleins pouvoirs à Pétain, le 10 juillet 1940. Résistant au sein du mouvement Combat qu'il dirigera dans les Basses-Pyrénées, nommé par de Gaulle procureur général de la France au tribunal militaire de Nuremberg, il fut, avec le procureur britannique, le seul à parler de « génocide » à propos de la Shoah.

Je ne me suis jamais senti de destinée familiale, mais quand je suis parti participer à la création du Tribunal pénal international pour l'ex-Yougoslavie, je me suis interrogé sur cette impression de marcher sur un chemin déjà défriché et j'en ai éprouvé une sorte de fierté.

Mes parents étaient de fervents croyants, très pratiquants ; mes sœurs, mon frère et moi avons été élevés dans la foi catholique. Cette éducation religieuse, sans que je la renie, m'a pesé à l'adolescence. Alors que nos parents étaient très soucieux de nous savoir, mon frère aîné et moi, aller à la messe le dimanche matin, nous poursuivions notre chemin jusqu'à la brasserie alsacienne qui se trouvait au bout de l'île Saint-Louis, et passions le temps de l'office à siroter au comptoir. Nous avions mis de la distance, lui et moi, avec cette partie de notre éducation, discrètement pour ne pas décevoir nos parents, qui ne nous ont jamais enfermés dans leurs convictions.

Élève, je jouais sans trop de maladresse des quelques facilités utiles pour commencer à flatter ma paresse. D'autant que douze années passées dans la même école privée, toute oratorienne fût-elle, vous donnent forcément quelques mauvais plis. Heureusement, j'ai eu des professeurs qui ont su me passionner pour la littérature, les grands classiques du XVIIIe et du XIXe. J'ai dévoré les livres. Je continue. Mais cet amour des belles lettres masquait peu la réalité des chiffres sur mon relevé de notes et suffisait encore moins à convaincre mon père. Voyant mon niveau décliner, il m'inscrivit judicieusement dans une « boîte à bac ». On ne m'y demandait pas de réfléchir. Tout était basé sur le par-cœur. Mais cela m'a inculqué une méthode de travail en termes de rigueur, de classement, d'exercice de la mémoire, essentielle alors. J'ai décroché un bac littéraire avec mention. Mon père m'avait provisoirement sauvé.

Je n'ai pas approché dans ma jeunesse un événement d'une injustice telle qu'il aurait déclenché chez moi une soif de toutes les réparer. Mais je voulais devenir juge. J'avais en moi un tranquille besoin d'ordre, de respect de la loi, de respect des autres. J'étais déjà assez persuadé qu'une société ne fonctionne correctement que si chacun respecte la loi commune, la loi pour tous. La calme et sereine application de la loi, l'application juste de la loi, était, d'évidence, dans mon ADN.

Je me suis donc inscrit en droit à la faculté d'Assas. « Le droit, c'est bien, ça mène à tout, même à rien », me disait alors mon père. Plusieurs options se présentaient à moi en termes d'orientation : avocat, notaire, juriste, ou alors les concours administratifs. J'avais commencé à suivre la formation d'avocat, mais cela ne me convenait pas. Je n'étais pas à l'aise dans cette approche professionnelle qui me paraissait trop volcanique, sinon volatile.

« Ne deviens pas juge, m'avait dit mon père, c'est trop mal payé. » Et de fait, un jour, en rentrant à la maison, il m'a annoncé qu'il avait vu sur la vitrine d'un café une affiche annonçant un concours pour le recrutement d'inspecteurs des impôts et qu'il m'avait inscrit. Je ne savais pas ce qu'était un inspecteur des impôts. Je n'avais même encore jamais payé d'impôts moi-même. J'ai donc passé le concours sans rien imaginer de ce métier. Et j'ai été reçu... J'ai ensuite mené de front ma formation de fiscaliste tout en terminant mes études de droit, ce qui demandait beaucoup de travail. Mais j'avais la chance d'avoir des enseignants, des maîtres de conférences, des chargés de travaux dirigés de très haute qualité, parmi lesquels l'impressionnant Louis Joinet, fondateur du Syndicat de la magistrature, expert auprès de l'ONU, à l'origine des principes de lutte contre l'impunité des violations des droits de l'Homme qui portent son nom. Et puis le ministère des Finances me rémunérait en tant qu'inspecteur stagiaire, ce qui faisait de moi un étudiant heureux.

Nous étions au printemps 1968. À la faculté d'Assas, fief de droite voire d'extrême droite, où les professeurs faisaient encore cours en toge, c'était la grande folie dans les amphis, secoués de débats animés, avec parfois des descentes de militants gauchistes venant de la Sorbonne.

Au milieu de la grande agitation, j'eus la chance de faire la connaissance d'Évelyne Pisier. Assistante, elle animait des travaux dirigés en droit constitutionnel. Elle était une femme d'exception, dont les interventions éclairées, les commentaires enthousiastes et passionnants poussaient à la réflexion. Engagée à gauche, elle deviendra docteure en droit public, chercheuse au CNRS, politologue, écrivaine. Mais j'ai très vite ressenti cette période comme celle d'une ébullition intellectuelle, politique et sociale chargée d'utopie dans un monde de lent changement de société. Sans doute, mon rapport à la loi et à l'ordre en général m'ont retenu d'adhérer à l'atmosphère littéralement fumeuse de l'époque.

J'ai été nommé dans le VIIIe arrondissement de Paris comme vérificateur des sociétés immobilières à mon retour à la vie civile et aux impôts. Cela ne suffisait pourtant pas à tromper mon royal et fiscal ennui. La comptabilité, les chiffres n'ont jamais été mon fort. Un jour de passion minimale, un collègue me dit en arrivant au bureau : « As-tu vu la note interne sur ce détachement pour préparer le concours d'entrée à l'ENM ? » Après lecture attentive et sérieuse de ce document, je compris que pour accéder à cette préparation je devais passer un préconcours, auquel j'ai été reçu. J'ai suivi de la sorte une remise à niveau d'un an à la faculté du Panthéon, ce qui m'a permis de préparer avec succès le concours d'entrée à l'ENM. Nous étions en 1977.

À cette époque l'ENM était en pleine effervescence, influencée par le Syndicat de la magistrature créé en 1968 et qui questionnait la place et le rôle du juge. « Qu'est-ce que le juge dans la société ? » ; « Qu'est-ce que le juge peut faire et doit faire avec le droit ? Comment doit-il l'utiliser, l'appliquer ? » ; « Est-ce que le juge doit toujours répéter la même jurisprudence ou s'adapter à l'évolution des mœurs et du temps ? » La formation technique était excellente mais la réflexion éthique, philosophique, humaine était tout aussi foisonnante et riche. L'exigence d'une ouverture d'esprit, d'un regard renouvelé sur le justiciable et les fonctions de juger, l'évolution nécessaire et raisonnée de la pratique judiciaire, le questionnement sur le rôle du magistrat, la fonction de justice dans la société… Autant de thèmes vivants, fondateurs de mon expérience à venir.

Par la suite, les choses ont changé. Les sources internationales et européennes du droit, l'influence et les effets de la mondialisation sur les modes de vie, de pensée, d'information et d'évolution des sociétés, sans même évoquer la complexification et la multiplication des phénomènes délinquants, ont profondément renouvelé les règles de droit dans presque tous les domaines en modifiant la culture, la pratique et l'état d'esprit des différents acteurs.

S'agissant en particulier des affaires pénales, on a surtout longtemps formé d'excellents techniciens du droit à l'ENM. Un exemple typique est celui du juge Burgaud. Il n'a, dans l'affaire d'Outreau, commis aucun acte frappé de nullité. Il n'a jamais été sanctionné, ni par la cour d'appel ni par la chambre de l'instruction. En revanche, il a sous-estimé la dimension des facteurs humains dans ce dossier et donc il s'est trompé. Un parfait praticien du droit ne fait pas forcément un bon juge. L'inverse également.

Heureusement, l'ENM a pu revenir sur beaucoup de choses et progresser sur bien d'autres. Aujourd'hui l'enseignement a modifié ses équilibres de l'époque, même si les questions qui l'animaient quand j'y étais, il y a presque cinquante ans, sont toujours cruciales, voire plus aiguës.

Faire évoluer le droit en relation et de concert avec une société dans laquelle les rapports sociaux apparaissent de plus en plus individualisés, plus éparpillés par l'effet d'influences diversifiées, plus durs malgré les nombreux filets de sécurité visibles, relève d'une tâche aussi immense qu'urgente et nécessaire. C'est d'une grande banalité que de le redire.

S'arc-bouter sur des principes, des textes, des jurisprudences qui ne sont plus en rapport avec le temps, considérer le droit comme une matière figée, ne pas tenir compte des conditions mêmes dans lesquelles les décisions de justice sont perçues, tout ceci confine à une absurdité. Croire que la permanence des règles ordonnerait naturellement, par le seul attrait d'une harmonie logique immanente, une société d'ordre, est une contrevérité. Pour autant, le juge doit se sentir fidèlement tenu au respect absolu du droit, qui est la garantie de l'État de droit et ce sur quoi compte légitimement tout citoyen en démocratie.

J'ai toujours eu – il est vrai par goût d'abord, puis, l'âge venant, par une sorte de réflexe – horreur du conformisme préconçu, parce qu'il évince l'affrontement à la réalité brute et souvent complexe, et qu'il conduit à la facilité pour ne pas dire à la médiocrité des analyses, puis des solutions.
Si, en France, la formation théorique du futur magistrat se déroule à l'ENM à Bordeaux, la partie pratique, elle, s'effectue en juridiction. On passe dans tous les services pour s'exercer aux diverses fonctions : l'instruction, le parquet, les affaires civiles, le tribunal pour enfants, etc. À l'issue de ce cursus, le classement de l'examen de sortie détermine normalement votre affectation. Cependant, sans doute marquée par l'esprit « juges rouges » qui régnait à l'école, ma promotion a refusé le classement et a créé une commission de répartition amiable, dont j'étais membre. Nous nous sommes mis d'accord pour dire « qui va où et pour faire quoi », indépendamment du rang de sortie. On se portait candidat à tel poste, à tel endroit mais si l'on considérait qu'un collègue était prioritaire, on lui laissait la place et on recherchait un autre poste à un autre endroit.
Je voulais être soit juge des enfants, soit juge d'instruction. Je voulais être au contact des gens, être dans la curiosité de l'autre. Je ne me voyais pas du tout civiliste à travailler sur des dossiers, passer mon temps en bibliothèque, lire les conclusions des avocats et rédiger des décisions sur *a minima* quinze pages. Il me fallait ce côté dynamique, cette approche humaine caractéristique du pénal, qui m'ont toujours satisfait.
Je ne voulais pas être affecté au parquet. J'avais eu une mauvaise expérience durant mon stage à Bobigny, deuxième plus importante juridiction de France, très sensible en matière pénale, notamment à la petite et moyenne délinquance.
J'avais trouvé, à l'époque, que le travail de parquetier était un travail d'abattage, très hiérarchisé. Il fallait constamment

rendre compte de ce qu'on faisait ou pas, et pourquoi on le faisait et pourquoi on ne le faisait pas. Et ça, le souci prioritaire du rendement, je n'en voulais pas.
Je me suis souvent dit, ce qui m'a valu quelques animosités, qu'un substitut ou un procureur ne sont pas des magistrats. Pour moi, le « vrai » magistrat, c'est celui qui siège, celui qui pèse, qui évalue, qui arbitre et tranche, qui décide ce qui fera droit et vaudra justice. C'est celui qui, pour pouvoir juger effectivement en conscience, a un statut d'indépendance respecté et garanti. Il peut et doit assumer pleinement ses fonctions et ses responsabilités. C'est celui qui s'en remet à sa conscience et n'a cure de la bien-pensance. C'est ce que je voulais approcher.
Par le jeu de chaises musicales que nous avions institué à la sortie de l'ENM, je me suis retrouvé affecté comme juge des enfants à Évry, et cette affectation me convenait car je restais en région parisienne. J'avais 32 ans, j'étais marié, j'avais une fille, j'avais effectué mon service militaire, j'avais eu une première expérience professionnelle. Je me croyais doté d'une certaine maturité. En toute franchise, je n'ai pas du tout ressenti d'appréhension, d'hésitation. Je suis tout de suite entré dans le bain. Et quel bain !

Affaires de mineurs, affaires majeures

La fonction de juge des enfants était à l'époque l'une des plus débattues. Nous étions en 1979. Nous avions de fréquentes discussions, quelquefois assez tendues, mes collègues adhérents du Syndicat de la magistrature et moi, sur le rôle de certaines institutions telles la DDASS et les services de l'Éducation surveillée, sur celui du parquet et, de manière générale, sur la façon d'appréhender les situations, notre métier. J'avais du mal à suivre certaines approches inutilement idéologiques qui prenaient le pas sur une méthode plus pragmatique. Le juge des enfants est sans doute le magistrat le plus puissant de France, concentrant à la fois des pouvoirs de juge d'instruction, d'éducateur, et même parfois de juge des libertés et de la détention, et ce à l'intérieur même des cellules familiales.

On ne peut, ici, se contenter de rester dans une pratique strictement procédurale, pas plus que s'abandonner à ses émotions. Il faut trouver un équilibre, conserver une prudence, faire œuvre de perspicacité et d'efficacité. L'enfant est une « matière » aussi fragile, malléable, respectable dans son identité qu'il est vulnérable. Les dégâts que l'on peut occasionner, par action ou par inaction, sont considérables et souvent irréversibles.

Le juge des enfants n'a pas le Code de procédure pénale pour bréviaire. Au milieu de considérations juridiques extrêmement larges laissées à l'interprétation de ses propres valeurs, il n'a en réalité pour outils d'appréhension d'une situation que les notions de danger et d'intérêt de l'enfant. Mais qu'est-ce que le danger pour l'enfant ? Qu'est-ce que l'intérêt de l'enfant ?

Je me souviens de ce proxénète qui avait sous sa coupe une dizaine de filles, rue de Budapest à Paris, près de la gare Saint-Lazare. Un jour, ce julot à l'ancienne tombe passionnément amoureux de l'une d'elles, se met en ménage et désire un enfant. Mais la jeune femme ne peut pas en avoir. C'est une autre de « ses » prostituées, tombée enceinte quelque temps plus tard, qui leur laissera son petit garçon, leur disant ne pas souhaiter s'en occuper. Autant le proxénète était un être immonde avec les femmes, autant il se révélera un père admirable qui élèvera l'enfant jusqu'à ses 2 ou 3 ans. Néanmoins, son comportement constituait juridiquement une supposition d'enfant. En droit pénal, il s'agit d'une infraction consistant à attribuer un enfant à une femme qui n'est pas sa mère. Le nouveau Code pénal remplace cette infraction par celles de simulation ou de dissimulation. À l'époque, c'était un crime, aujourd'hui c'est un délit.

Mais un jour, la mère biologique décide de récupérer son fils. Manière, entre autres, de se venger d'un contentieux avec son « mac ». J'ai été mis, dans ce dossier, devant la nécessité d'évaluer ce que représentaient les notions d'intérêt et de danger pour l'enfant. Que fallait-il décider ? Le laisser à un père adoptif aimant, pleurant à chaudes larmes dans mon cabinet mais proxénète, ou le rendre à sa mère naturelle mais à l'existence et à la psychologie instables, et qui l'avait abandonné ? Une procédure d'instruction a été ouverte, le père placé en détention et la mère sous contrôle judiciaire. Quant à moi, j'ai confié l'enfant à un service d'accueil de la DDASS (actuellement l'ASE), la décision relative au lien de filiation ayant été repoussée dans l'attente de l'issue des investigations. Je regrette de n'avoir pas connu le sort de cette affaire ayant, entre-temps, changé de fonction.

Je me suis trouvé confronté à une autre prise de décision difficile. Il s'agissait d'un bébé, âgé d'un peu plus d'une année, que le père, excédé par ses pleurs, avait projeté contre un mur de la chambre, lui occasionnant des lésions majeures. L'enfant placé dans une institution spécialisée progressait lentement. Mais pour les équipes médicales et les éducateurs, l'évolution était aussi liée à la restauration des relations avec le père. Fallait-il autoriser le père à renouer avec son enfant, ou existait-il encore un danger pour celui-ci ? J'ai posé la question à tous ces professionnels réunis autour de la table. Leur réponse est tombée, sans appel : « C'est à vous, le juge, de décider ! »

La maman venait d'accoucher d'une nouvelle petite fille. Je me suis rendu à la maternité pour recueillir son avis. Je me souviens de sa peur de lui voir retiré son nouveau-né. Il n'en a rien été. J'ai autorisé le rétablissement de la relation, sous surveillance. Je n'ai plus jamais entendu parler de cette famille.

Ces deux cas illustrent le poids des responsabilités qui pèsent sur les épaules du juge pour enfants. La prise de décision qui relève de ses attributions doit s'appuyer sur un ensemble d'éléments laissant une très large part à l'appréciation personnelle, même si elle s'assure et s'appuie sur un maximum d'informations pertinentes. Je me rappelle avoir passé à plusieurs reprises des journées difficiles avant de prendre une initiative qui impactait directement la vie de gens simples et ordinaires. Ces instants sont encore plus critiques lorsqu'il convenait de décider dans l'urgence.

Je n'ai pas été juge des enfants très longtemps. Deux années. C'est un exercice très polyvalent, qui demande des capacités humaines et professionnelles très exigeantes. Je sentais bien que je ne savais pas, en conscience, les déployer avec la maîtrise suffisante.

À cette époque, la question de la délinquance des mineurs, autre domaine d'activité du juge pour enfants, était moins empreinte de violence ou de fréquence qu'aujourd'hui. Il était possible d'ordonner des mesures éducatives qui étaient exécutées et pouvaient produire rapidement des effets, récupérer des gamins en souffrance qui s'étaient égarés. Aujourd'hui, les adolescents ont considérablement changé psychologiquement, socialement, culturellement mais aussi physiquement.

Les postes de juge des enfants, tout comme ceux de juge d'instruction, sont souvent les premiers dans lesquels sont nommés les jeunes magistrats à la sortie de l'ENM. Or, quels que soient les connaissances juridiques et les savoirs spécialisés, la motivation, le goût et l'envie du travail réussi, il faut de la résistance et de l'endurance aux imperfections et aux échecs, de la ténacité pour continuer à faire mieux, encaisser sans lâcher le but. Il faut aussi, quand la vie professionnelle expose en permanence à des situations rarement réjouissantes, voire très perturbantes, sentir les choses pour les tenir à bonne distance émotionnelle. Cela est nécessaire pour maintenir disponible et ouverte cette capacité personnelle à percevoir presque intuitivement les situations. L'expérience de la vie est un facteur clef pour y accéder, du moins lorsqu'elle s'accompagne d'un intérêt réel pour les situations concrètes des justiciables (adolescents en particulier), notamment en termes de langage et de conditions d'existence.

Les métiers de juge en contact direct avec les gens, ce sont 10 % de formation et de connaissance juridique générale et appliquée, et 90 % d'expérience. Cependant, il ne faut pas regretter trop vite cette marge de manœuvre laissée à l'instance du juge car cette flexibilité apparente, inévitable, ce « flou du droit », participe aussi à la respiration nécessaire à chaque affaire pénale, dont aucune n'est semblable aux autres. C'est l'autre versant de l'égalité et de la légalité républicaines qui réside dans l'obligation juridique et morale pour le magistrat de traiter différemment chaque situation, une porte ouverte vers la fraternité dans la compréhension objective des faits et leur appréciation concrète au cas par cas.

À la sortie de l'École, les jeunes magistrats ne sont pas affectés en raison de leurs compétences ou de leurs goûts mais en fonction des postes à pourvoir. Il y a peu d'évaluation des capacités pour les installer au bon endroit alors que nombre d'entre eux possèdent une maturité et un sens des responsabilités certains, leur permettant de tenir leur place avec compétence. Ainsi, paraît-il, les annotations qui figuraient dans le dossier du juge Jean-Michel Lambert pendant sa scolarité alertaient : « Toutes fonctions sauf l'instruction. » Il s'est retrouvé juge d'instruction à Épinal, et lui a été attribuée l'affaire Grégory, où il s'est égaré, puis perdu dans les conditions que l'on sait.

J'ai rejoint Paris et le service de l'instruction en 1981 dans ce Palais de justice si particulier sur l'île de la Cité, siège du pouvoir royal du xe au xive siècle. Un lieu chargé d'histoire donc, avec ses vestiges, ses tours, la Sainte-Chapelle, la Conciergerie. Un lieu chargé d'ordre judiciaire concentrant toutes les strates de l'institution, du tribunal de première instance à la Cour de cassation. Un lieu chargé d'ambiances particulières avec la police judiciaire et la Brigade criminelle juste à côté au 36, quai des Orfèvres, la police scientifique quai de l'Horloge. Se croisent dans les couloirs policiers et experts, jeunes juges, hauts magistrats et avocats, justiciables intimidés et conscients que la justice va se mêler intimement de leur vie et parfois en altérer toute la suite, touristes japonais égarés dans les galeries.

J'ai aimé travailler dans cet endroit pendant près de quarante ans. Aujourd'hui, le tribunal judiciaire de Paris a pris place en bordure du périphérique dans le xviiie arrondissement de Paris. Il fonctionne sans doute différemment au sein d'une architecture rationnelle, au goût du jour et de grande envergure, à l'esthétique et à la charge émotionnelle à mon sens

un peu froides, mais dont il ne faut pas désespérer qu'elle acquière vite sa propre patine.
Sur l'île de la Cité, je ne quittais donc pas le monde des mineurs cabossés par la vie. « Affaires de mineurs, affaires mineures », disait-on dans les couloirs du Palais. L'activité de juge d'instruction, même concernant les mineurs, me convenait bien mieux : un cadre plus strictement délimité par la loi, celui du Code de procédure pénale. Une dimension toujours éminemment humaine sans pour moi l'inconfort permanent d'évaluation et d'anticipation des risques inhérents à la vulnérabilité particulière des (très) jeunes.
Ce domaine d'activité qui m'était assigné était à l'époque relativement délaissé. Les histoires d'inceste, de viols, de pédophilie n'étaient pas très prisées de mes collègues et, à la vérité, restaient bien trop négligées de la société tout entière. C'était au cœur de l'activité de mon cabinet. Je constatais alors que la dimension sociale, psychologique, morale était minimisée au profit de l'établissement de la réalité des faits. Ceci se ressentait dans la prise en compte des procédures, tant au niveau policier que médical, sans parler du monde judiciaire, avocats et juges compris.
La multitude d'affaires de mœurs dont j'ai été saisi rapidement m'a donc interrogé sur ma pratique professionnelle. Si sur le plan de la preuve et de la matérialité des faits permettant de caractériser l'infraction, cela ne posait pas de grandes difficultés, il n'en était pas de même pour la mise en évidence des motivations, des mécanismes psychologiques, voire psychiatriques (pour les grands pervers), la détermination du traitement judiciaire des personnes concernées : comment évaluer leur état psychique ? Quels traitements préconiser ? Quelles mesures de soins étaient appropriées ? Dans quel cadre, hôpital ou prison ? Pour quelle durée ?
J'ai ainsi organisé plusieurs conférences à l'ENM en collaboration avec un expert psychiatre, occasions de débats avec des psychologues, des médecins, des pédiatres, des éduca-

teurs, des policiers, des gendarmes… Je pense avoir été un de ceux qui, parmi les premiers, ont cherché à sensibiliser les services d'enquête à l'accueil des victimes, au recueil de leurs témoignages. J'ai beaucoup travaillé en ce sens avec la Brigade des mineurs. Mais même dans ce service déjà spécialisé, il y avait des choses à repenser. Il est vrai que l'abondance des procédures ne favorisait pas une approche holistique. Il faut se rappeler qu'en ce temps la police scientifique n'était pas aussi performante qu'actuellement, que la question cruciale du consentement n'était pas aussi prégnante, que la déclaration de la victime se heurtait facilement à celle du mis en cause. Parole contre parole. Ce contre quoi je m'élevais car je trouvais cela trop simpliste et facile pour ne pas approfondir les investigations.

J'ai opéré le même travail auprès des médecins en leur demandant toute leur attention lors des examens qu'ils étaient amenés à pratiquer, afin qu'ils cernent le mieux possible leurs constatations, les preuves matérielles, les éléments qui permettent au juge de caractériser l'agression. Cette nouvelle approche judiciaire, policière, technique et médicale était essentielle pour faire avancer ces affaires qui se heurtaient par ailleurs souvent à des problèmes de prescription. L'ère #MeToo n'est qu'une réactualisation positive de cet intérêt. Il est vrai qu'aujourd'hui les méthodes ont progressé, tant sur le plan scientifique, avec l'ADN, que dans l'approche humaine. Mais il faut en permanence faire une priorité du sujet de la formation, de la sensibilisation.

En ce début des années 1980, la prescription en matière criminelle était de dix ans. La victime avait donc dix années pour déposer plainte après l'acte d'agression sexuelle, alors qu'il était difficile, voire impossible, pour un mineur de dénoncer les faits auprès de la justice. Du fait de sa minorité et de son incapacité juridique, il devait nécessairement passer par l'intervention de ses parents, à qui il avait souvent tu les faits, ou pire, dont il avait été la victime.

J'ai donc été l'un des promoteurs de la réforme de la prescription en la faisant courir non pas dix ans après la date des faits, mais dix ans à partir de la majorité de la victime. Le délai a été par la suite repoussé à vingt ans, et dans certains cas même jusqu'à trente ans. D'aucuns posent la question de l'imprescriptibilité mais je suis très réservé sur ce sujet pour deux raisons essentielles : la première est que, sans minimiser la gravité des actes concernés, l'imprescriptibilité doit être réservée aux crimes d'une telle ampleur qu'ils heurtent la conscience universelle ; la seconde est une considération pratique en ce que le rapport de la preuve est d'autant plus difficile que le temps passe. De plus, croire que la justice pourra établir la réalité des événements dénoncés après l'expiration d'une longue période, c'est entretenir souvent une illusion, voire créer une lourde frustration qui ne font que renforcer la déception, le traumatisme et le ressentiment envers l'institution judiciaire de la possible victime.

Cette matière à l'apparence peu engageante dans la lecture commune de l'époque, je l'ai abordée avec intérêt, avec passion, même. C'est dans mon tempérament : quand j'aborde un domaine, j'essaie de l'approfondir, de l'ouvrir au maximum. Les médias se sont intéressés à des articles que j'avais écrits dans des revues de psychologie. C'était le signe que tout ce que j'avais fait sur cette thématique commençait à compter. Je sortais de la tour d'ivoire dans laquelle on reprochait à la magistrature de se claquemurer pour éviter de se confronter à la société, un exercice dont les magistrats, à l'opposé des avocats, n'avaient pour la plupart aucune pratique, aucune connaissance, aucun savoir-faire et par conséquent aucune envie.

La reconnaissance de mes initiatives n'estompait pas, toutefois, la cruelle réalité de mon métier. À ce propos, je me dois d'évoquer un fait qui m'a profondément marqué.

À chaque Fête des mères, je pense à cette belle jeune femme issue de l'une des plus anciennes familles de l'aristocratie française. Elle avait été mariée à un homme issu du même milieu. Ils avaient eu une enfant. L'homme, un pervers fini, manipulateur sordide, lui avait imposé un ménage à trois, installant chez eux une jeune fille en difficulté sociale sous prétexte de lui venir en aide, et dont il avait abusé. La jeune aristocrate est tombée dans une profonde dépression. Et un jour elle a étranglé sa petite fille de 3 ou 4 ans avec le fil du téléphone, tentant elle-même de se suicider ensuite, sans y parvenir. Cette femme intelligente, cultivée, est arrivée dans mon cabinet détruite. Je me suis longtemps posé la question de la nécessité de la détention. Il était évident qu'elle ne présentait aucun danger de fuite et encore moins de réitération, mais il devait, cependant, y avoir une réponse sociale car une petite fille était morte dans des conditions de détresse horribles. Or, le jour de la Fête des mères, elle s'est pendue à un barreau de la fenêtre de sa cellule, avec son collant. Chaque année, à cette date, je pense à elle. Fallait-il la placer en détention ? Étais-je obligé de le décider ? Y avait-il quelque utilité sociale, pénale ? Comment s'y prendre avec les moyens à disposition, la soutenir psychologiquement ? Un tel drame, et pourquoi ne pas l'affirmer, une telle injustice, sont-ils très concrètement évitables dans la pratique judiciaire quotidienne aujourd'hui ?

De la tourbe noire de ces histoires, il pouvait aussi naître quelques lueurs.

« *J'aime et je suis aimée et nous avons une fille magnifique de deux mois et demi. Et dans le jardin de notre maisonnette, les fleurs apparaissent à l'aube du printemps.* » J'ai reçu cette lettre au Palais, le 16 mars 2000. C'était seize ans après les faits. Il est rare qu'une victime se manifeste après tant de temps. Sylvia[1] avait été violée sur un tas de sable par deux voyous, près du canal de l'Ourcq à Paris. Elle avait 17 ans. Elle m'avait imploré de ne pas informer ses parents,

1. Prénom d'emprunt.

qui vivaient à l'étranger, de ce qui lui était arrivé. Par un tour de passe-passe légal un peu acrobatique, j'avais accepté que son frère, majeur, se constitue partie civile pour elle. J'ai eu un contact fort avec cette jeune fille et j'ai pris à cœur le drame qu'elle a vécu.

Dans un souci d'objectivité et de neutralité, je me suis tout autant intéressé au parcours individuel des deux violeurs. Et à ce titre, j'ai eu des entretiens très directs avec le père Guy Gilbert, connu à l'époque comme « le prêtre des loubards », qui connaissait les deux garçons pour les avoir accueillis dans une ferme en Haute Provence. Il a débarqué dans mon cabinet fidèle à son image : cheveux longs, blouson clouté, bagues à tous les doigts. Je lui ai expliqué la situation de la victime et ma petite entorse procédurale. Il m'a assuré qu'il n'y aurait pas de problème de contestation au procès et je lui ai délivré un permis de visite pour qu'il aille en parler aux deux accusés. Je me suis glissé dans la salle de la cour d'assises le jour de l'audience en octobre 1985, ce que je n'ai jamais fait qu'exceptionnellement. Je n'avais pas revu Sylvia depuis la fin de l'instruction. Elle s'est montrée très résolue, comme dans mon cabinet quand elle avait refusé que sa mère et son père soient mis au courant, quand elle avait dénié l'assistance d'un service spécialisé dans l'accompagnement des personnes violées, malgré mes mises en garde répétées sur les conséquences psychiques d'un tel traumatisme. À la barre, sa détermination à faire face était tout aussi impressionnante. Les deux accusés ont été condamnés à huit ans d'emprisonnement.

Je n'ai plus eu de nouvelles pendant plusieurs années jusqu'à ce coup de fil m'annonçant qu'elle n'allait pas bien, qu'elle avait besoin du soutien dont je lui avais parlé au moment de l'instruction. Sylvia est venue à mon cabinet. Je lui ai donné les coordonnées d'une association d'aide aux victimes. Puis, de nouveau, plus rien, jusqu'à cette lettre heureuse du 16 mars 2000, dans laquelle elle m'écrivait qu'elle avait exorcisé ses démons, qu'elle faisait du journalisme, qu'elle écrivait et que, maintenant, sa vie avait un sens. Une lettre envoyée sans adresse, sans possibilité de réponse.

Dix ans plus tard, Sylvia se signalera à nouveau. Je suis alors président de cour d'assises. Elle veut me revoir. Nous nous retrouvons dans un square près de la place Saint-Michel. Elle me parle de son parcours, de sa situation, de ses tourments qui parfois refont surface violemment. Elle me fait part aussi de son souhait de me voir expliquer à sa fille ce qui lui est arrivé. Surpris par cette demande, j'hésite, je réfléchis, je m'interroge sur mon degré d'implication et finis par accepter. La rencontre a lieu peu après, dans une brasserie près de la fontaine Saint-Michel avec la fillette d'une dizaine d'années. Elle est vive, jolie, pétillante, intelligente. Je lui explique qui je suis, pourquoi je suis là. Malgré mon appréhension, je m'entends trouver les mots pour lui dire le courage de sa maman, pour lui expliquer que les événements qu'elle a subis n'affecteraient jamais son amour pour elle. La petite fille dessinait, faisait mine de ne pas écouter mais j'avais la certitude qu'elle avait tout saisi. Ce qu'un appel de Sylvia me confirma quelques jours plus tard.

Un juge doit certes maîtriser ses sentiments à l'égard d'une affaire, d'une victime ou des mis en cause, se prémunir contre toute empathie, contre tout mépris, a fortiori contre tout rejet. Mais en même temps, il n'est pas, et il doit y veiller constamment, une mécanique administrative lointaine. Je crois avoir estimé, à sa juste importance, la valeur des mots. Ceux qui détruisent et ceux qui réparent. J'ose espérer que, de la sorte, j'ai un tant soit peu aidé Sylvia à se reconstruire.

Il est difficile pour ceux peu habitués ou trop ignorants du monde judiciaire d'apprécier comment se prennent nombre de décisions, la responsabilité que ressent le magistrat, ses doutes qu'il doit trancher et le poids personnel que lui laissent, parfois, certaines décisions.

C'est encore vrai lorsque la procédure de justice vient à aborder les atteintes à la liberté, l'honneur ou la réputation d'un auteur présumé ou d'une personne se disant victime.

Garantir les libertés

Après ces sept ou huit années passées à instruire des affaires de mineurs victimes ou auteurs, je me suis senti prêt et motivé pour aborder d'autres domaines. On m'a alors confié ce que l'on appelait au parquet de Paris « les atteintes aux libertés », c'est-à-dire principalement les violences policières ou gendarmesques et les affaires de presse.

Ces affaires de violences n'intervenaient pas dans les mêmes circonstances, dans le même environnement social qu'aujourd'hui. Je rappelle que mon expérience en ce domaine remonte à quarante ans. Celles que j'ai eu à traiter concernaient très peu le maintien de l'ordre, même si des manifestations qui dégénèrent ont existé, l'affaire Malik Oussekine[2] en est la démonstration. Il s'agissait plus d'interpellations musclées, de gardes à vue « appuyées » que de mouvements sociaux comme celui récent des Gilets jaunes ou contre la réforme des retraites.

Pendant ma formation à l'ENM, j'avais été marqué, lors d'un colloque par la différence d'appréciation de ces situations de la part du directeur général de la Police nationale et du directeur général de la Gendarmerie nationale de l'époque.

« Oui, vous comprenez le travail de la police, c'est un travail

---

2. Une affaire de violences policières ayant provoqué la mort de cet étudiant de 22 ans, dans la nuit du 5 au 6 décembre 1986 à Paris, dans le cadre de contestations étudiantes contre le projet Devaquet de réforme des universités.

difficile. Quelquefois, on a du mal à maîtriser ses réactions. Même si on les regrette, les bavures, ça peut exister... », avait avancé le premier. « Dans la gendarmerie, les bavures, cela n'existe pas. Soit il y a des ordres mal donnés, soit il y a des ordres mal exécutés mais il y a toujours un responsable », avait opposé le second. L'esprit de responsabilité de cette dernière remarque m'a guidé dans l'instruction de ce type de dossiers afin de mettre en évidence ces facteurs réels (éléments factuels précis, les instructions données ou non aux agents, leur exécution, le niveau suffisant ou non de formation, la qualité des preuves avancées de part et d'autre). En France, ces affaires sont toujours délicates car tendues, contestées par des avocats spécialisés, engagés, teigneux, incisifs, et une couverture médiatique parfois elliptique.

Le juge d'instruction a pour rôle de rechercher les faits, de déterminer l'implication de chacun et de qualifier les événements au regard de la loi pénale en décidant s'il y a lieu de poursuivre : la première difficulté est évidemment de se faire une idée claire et objective des faits, sachant que les commissions rogatoires sont confiées à l'Inspection générale de la Police nationale ou à l'Inspection générale de la Gendarmerie nationale, ce qui signifie donc que des policiers enquêtent sur les policiers et des gendarmes sur les gendarmes. Ainsi, j'ai été amené à me « transporter » sur les lieux pour comprendre les circonstances des faits et les agissements des uns et des autres, voire à mettre en cause leurs dires et me forger ma propre conviction.

Les rapports entre la police et la justice ont toujours été compliqués, et c'est encore le cas actuellement. Durant la période où j'ai exercé, il y a eu des moments de tension. Néanmoins, j'ai pu remplir mes missions sans grandes difficultés. Je pouvais me rendre dans les locaux de la 2e DPJ à Paris après qu'un gardé à vue avait accusé un policier d'avoir tiré un coup de feu pour l'impressionner et y faire tirer un nouveau coup de feu pour vérifier si cela avait pu se produire,

si d'autres personnes avaient pu l'entendre. Je pouvais me rendre dans un commissariat du VIIIe arrondissement pour constater la véracité du récit d'un interpellé qui se plaignait d'une mâchoire fracturée après avoir été selon lui projeté contre un mur de la cellule de dégrisement.
J'ai toujours entretenu des relations de confiance avec les policiers des différents services avec lesquels je travaillais. J'ai constaté que les policiers, en général, sont très respectueux de la loi, et quand il y a nécessité pour la justice d'enquêter, ils y collaborent sans restriction.

Les atteintes aux libertés comportaient une autre facette : celle du droit de la presse. J'ai ainsi eu l'occasion d'inculper à peu près tous les patrons de journaux. La procédure imposait cette formalité. J'ai dû avoir Serge July, le cofondateur de *Libération*, une dizaine de fois dans mon cabinet. Il arrivait avec son cigare à la bouche, son imperméable qu'il posait sur une chaise et me demandait : « Où est-ce que je signe ? »
Sur le plan juridique, ces affaires de diffamation, d'injures publiques, de refus de droit de réponse, de provocations ne présentent pas de réelles difficultés à l'instruction. Je notifiais la plainte, les chefs de mise en cause, je prenais les déclarations des directeurs de publication. Rien de compliqué. En revanche, c'était l'occasion d'échanges sur les sujets d'actualité, sur la situation de la presse, notamment avec Jean-Marie Colombani, patron du *Monde* à un moment où le quotidien du soir n'allait pas très bien financièrement.
La loi de 1881 sur la liberté d'expression est très particulière, très pointilleuse. La moindre virgule, le moindre passage d'un texte mal cité, les délais de prescription resserrés induisent la nullité d'une procédure très protectrice de la presse. Pour certains plaignants, la tentation est grande de contourner ce texte essentiel pour agir au civil et demander des dommages et intérêts exorbitants (ce qui, depuis un arrêt de la Cour de cassation de 2000, n'est plus possible). Si elle n'apporte pas la

même symbolique qu'une condamnation pénale, cette procédure peut avoir en revanche un effet dissuasif, un effet bâillon. Cette loi de 1881 est porteuse de grandes valeurs, dont celles de la liberté de la presse, fondamentales en démocratie. Je me suis là aussi beaucoup investi dans toutes ces questions. Cela m'a valu d'être sollicité par Robert Ménard pour rejoindre le conseil d'administration de Reporters sans frontières, qu'il avait contribué à créer et dont il était le très actif secrétaire général. Il voulait avoir un regard extérieur sur le métier de journaliste pour « éviter de rester entre nous, et d'être un peu complaisants et corporatistes », m'a-t-il dit. J'ai participé au comité juridique de RSF, travaillant sur la protection des sources et les lanceurs d'alerte, collaborant à la rédaction du nouveau Code de la presse tunisien et animant des ateliers de formation pour les magistrats de ce pays.

Cette défense de la liberté de la presse ne m'a pas empêché, en tant que juge d'instruction, d'être toujours extrêmement réservé à l'endroit des journalistes. J'ai toujours été dans le strict respect du secret de l'instruction. Je n'avais jamais rien à leur dire. Sauf dans l'affaire Touvier, et pour la servir. C'était une enquête très difficile qui portait sur des faits très anciens et les moyens dont je disposais à l'époque – une petite équipe de gendarmes – ne pouvaient pas toujours suffire. Il fallait démarrer vite. Je ne pouvais pas trop traîner, il y avait une réelle attente. J'ai pu ainsi nouer un lien de confiance, dans l'intérêt de l'enquête, avec des journalistes qui venaient, les uns les autres, frapper à ma porte pour me demander si j'étais au courant de ceci ou de cela. À ce moment-là, ils en savaient plus que moi. Nous échangions sur les recherches qu'ils menaient pour leurs journaux. Je leur donnais des indications sur l'évolution de mes investigations. Cela a permis un démarrage rapide de l'instruction du dossier, car ils avaient plusieurs longueurs d'avance sur mon enquête, et j'ai estimé que, à ce stade de l'instruction, cela ne portait pas atteinte de quelque manière aux droits de la défense.

Cette ouverture au milieu journalistique m'a aussi servi dans la façon de concevoir mon rôle, mon travail de magistrat enquêteur. La question de l'indépendance, la recherche de la vérité et la vérification des informations étaient très complémentaires avec ce que je pratiquais professionnellement, quotidiennement.

Aujourd'hui, je continue de porter une grande attention à ces sujets : la profusion de textes nouveaux ou de pratiques administratives coercitives dans un environnement médiatique avec ses dérives quotidiennes doit réellement nous inquiéter et nous alerter à bon escient.

Comme aussi la lutte légitime contre le terrorisme qui tend à introduire, dans le droit commun répressif, des dispositions qui ne relèvent que de situations exceptionnelles.

Le juge doit exercer, avec l'appui des citoyens bien informés, la plénitude de ses fonctions et devoirs pour déterminer, appliquer et maintenir un équilibre entre sécurité et liberté individuelle. Une utopie ?

AU CŒUR DES ANNÉES NOIRES

« L'homme n'est pas entièrement coupable,
il n'a pas commencé l'histoire ;
ni tout à fait innocent puisqu'il la continue. »

Albert Camus, *L'Été*

Touvier, le procès manqué

Il ne s'agit pas de relater ici l'intégralité de cette affaire qui a suscité un immense intérêt. Intérêt historique avec le rôle de l'État français et ses implications dans l'arrestation et la déportation des Juifs ; intérêt juridique dans la définition du crime contre l'humanité ; intérêt humain en raison de la personnalité particulière de Paul Touvier et de sa volonté d'échapper à la justice ; intérêt politique pour les soutiens dont il aurait pu bénéficier. Il s'agit principalement de relater la difficulté, pour un homme seul, d'instruire une affaire de cette dimension. Quelle que fût l'expérience que j'avais acquise en matière d'instruction, je n'étais pas préparé à l'immense tâche qui se présentait à moi. Ce fut, face à la menace de l'enlisement, un réel challenge.

D'une cellule, l'autre. De celle du prieuré Saint-Joseph à Nice, où il était reclus avec sa famille, à celle du dépôt du Palais de justice de Paris. Quand je fais monter Paul Touvier dans mon cabinet par les gendarmes, ce mercredi 24 mai 1989 en fin d'après-midi, que je l'ai face à moi, je me dis que les ennuis vont commencer. C'est Claude Grellier, ancien collègue, qui m'a orienté vers ce dossier, quatre mois plus tôt, quand il a été nommé à d'autres fonctions. « C'est un vieux type que l'on recherche depuis quarante-cinq ans. Il aurait fait des choses pendant la guerre », m'avait-il simplement confié.

Ce jour-là, Paul Touvier, premier Français accusé de crimes contre l'humanité, est devant moi.

L'ancien chef régional des services de renseignement de la Milice à Lyon a été arrêté le matin même. Il a fait un malaise peu après son interpellation. Sans doute le choc d'avoir été repris après tout ce temps qui l'éloignait d'avoir, un jour, à rendre des comptes. Il a été transféré à Orly en avion et aussitôt conduit à mon cabinet.

C'est un petit bonhomme terne, au visage pâle, défait, tendu. Son nouvel avocat, Jacques Trémolet de Villers, que je ne connais pas, me demande de s'entretenir seul un instant avec son client, qu'il découvre lui aussi. Quand ils reviennent, Touvier dit qu'il n'a « rien à déclarer », qu'il « souhaite préparer [sa] défense avec [son] avocat. » Je lui notifie son inculpation pour « crimes contre l'humanité ». Une qualification générique. Je n'ai pas grand-chose dans le dossier. Aucune investigation sur les faits. Je suis sous pression. L'enjeu est juridique, historique, médiatique, mémoriel, humain. Les implications sont politiques, les compromissions religieuses. Je me souviens d'avoir senti un réel affolement quand j'ai informé le parquet qu'on avait retrouvé Touvier. Dans mon bureau, lors de sa première comparution, Marc Domingo, le premier substitut du procureur qui suivait le dossier, ne sort de son silence que pour requérir le placement en détention. Après m'être assuré qu'il bénéficiera d'une prise en charge médicale, j'écroue Touvier à Fresnes. À cette époque, le juge d'instruction disposait de larges pouvoirs d'incarcération.

Cet interrogatoire de première comparution aura été purement formel, ne durant que quelques minutes. Mais le premier contact, fût-il bref, est toujours important. Cela permet de savoir à qui l'on a affaire. On se projette intuitivement sur la façon dont l'instruction va se passer, sur les relations futures que l'on aura avec l'inculpé et son avocat. Touvier n'avait pas fui pendant toutes ces années pour capituler. J'eus là, en ces quelques instants et malgré sa faiblesse du moment,

la confirmation qu'il allait se battre pied à pied, opposer des arguments solides, nier. Je me suis dit que j'avais intérêt à maîtriser mon sujet, ce qui était loin, encore, d'être le cas.
Le premier réel interrogatoire eut lieu quelques semaines plus tard. Nous avions convenu avec Me Trémolet de Villers de nous organiser. Il avait d'autres dossiers à traiter, et moi aussi. Touvier dont j'étais persuadé qu'il ne serait jamais retrouvé, nous était tombé dessus. Lors de la séance des questions à l'Assemblée nationale qui suivit l'arrestation, un député a demandé si j'allais être déchargé de mes dossiers en cours pour pouvoir me consacrer à cette affaire hors normes. Le ministre de la Justice a assuré qu'il ferait le nécessaire. On m'a retiré dix dossiers sur la centaine que j'instruisais…
La première fois que j'ai auditionné Touvier, c'était à Fresnes. Durant les deux ans et demi que dura l'instruction, je l'aurai entendu au total 70 fois en prison ou dans mon cabinet. Il avait une parfaite mémoire, jusque dans les moindres détails. Il se montrait combatif, jamais évasif, était très vif dans ses réflexions, dans ses réactions. Il pouvait être charmeur, manipulateur, tout en se montrant péremptoire, voire cassant et méprisant. « D'accord, l'attentat contre la synagogue du quai Tilsitt à Lyon, l'assassinat de Victor Basch et de sa femme à Neyron, les sept Juifs de Rillieux… Mais les preuves, les témoins, ils sont où ? » « Tout ce que vous avez appris sur cette époque, vous l'avez lu dans les bouquins. Vous ne l'avez pas vécu, moi si. Vous ne pouvez pas savoir. Vous ne pouvez pas comprendre. » Et de fait, je ne savais rien.
Rien de cette période si complexe qui faisait cinq lignes dans les livres d'histoire oublieux d'après-guerre, rien de la politique antisémite de Vichy, rien de la collaboration, rien de la Milice. Rien même de ce qu'était un crime contre l'humanité. Touvier avait, lui, une connaissance extrêmement fine de cette période. Quand il se cachait dans la maison de son père, aux Charmettes, à Chambéry, il avait une bibliothèque

fantastique qui y était entièrement consacrée. Il avait même rédigé un opuscule intitulé *Mes crimes contre l'humanité*.
Pour me donner du temps, j'ai commencé par enquêter sur la personnalité de Touvier et, à mesure que j'avançais, je cernais mieux les faits.
Fils de militaire, il était né en 1915 à Saint-Vincent-sur-Jabron dans les Basses-Alpes. Il était issu d'une famille catholique typique de la droite maurassienne. Avant la guerre, il composait des convois de trains de marchandises à la gare de Chambéry. Pétainiste assumé pour qui, me dira-t-il, il n'y avait qu'« une seule France, un seul chef, le Maréchal », il a vu dans la collaboration l'opportunité de donner un libre cours total à ses idées vichystes et à son âpreté au gain. Pillant, spoliant. Sans scrupules. Très organisé, méthodique, tenant à jour rigoureusement ses fiches, il est devenu un milicien redouté à Lyon gravissant les échelons dans le renseignement. Il fait arrêter résistants, Juifs et personnes s'adonnant au marché noir. Sa rigueur religieuse ne l'empêche pas un temps de vivre avec une prostituée, de loger l'une de ses maîtresses dans un appartement confisqué à des Juifs, ne freine pas sa soif d'appropriation, d'argent, ce qui dessine chez lui une moralité assez élastique.
La veille de son interpellation, les gendarmes avaient trouvé quatre valises et une malle appartenant à Touvier dans un couvent à Saint-Michel-en-Brenne, dans le centre de la France. Dans l'une d'elles, il y avait des cahiers sur lesquels il avait écrit tout ce qu'il avait vécu depuis quarante-cinq ans, ce qu'il avait fait, qui il avait vu, qui il avait contacté, qui l'avait soutenu. J'avais tout dans cette malle. C'était une mine d'or. J'ai pu reconstituer son parcours et retrouver dans les archives départementales les documents se rapportant à ce qu'il avait écrit.
J'ai toujours joué franc jeu avec Me Trémolet de Villers. J'ai eu affaire à des avocats teigneux, parfois même brutaux, cherchant l'incident. Lui était un adversaire loyal, d'une

parfaite correction, d'une grande intelligence, d'une grande culture. Qui plus est un excellent juriste. Il était pétri de convictions forgées dans une foi catholique intégriste, que je respectais sans y adhérer.

Nous avons appris à nous jauger, notamment lors de l'inventaire des valises de Touvier. C'était quelques semaines après son arrestation. Pendant que les gendarmes faisaient le tri dans les documents qu'elles contenaient, devant son client, durant un long après-midi à Fresnes au cours duquel nous avons échangé, une forme de respect mutuel s'est instaurée. Il n'y a jamais eu de coups fourrés entre nous. Je le prévenais des thèmes que nous allions aborder lors du prochain interrogatoire. Il m'informait quand il allait déposer une demande de remise en liberté. Nous savions que l'instruction allait durer, autant que nous travaillions en bonne intelligence.

D'ailleurs, Trémolet m'a demandé une lettre qu'il a produite au procès, dans laquelle je confirmais que Touvier n'avait jamais cherché à se dérober à mes questions. Les « je ne me souviens plus », les « ça fait trop longtemps » avaient été ma grande crainte, très vite levée par la volonté de Touvier de toujours se justifier.

En fait, les occasions que mes interrogatoires lui offraient étaient trop belles. Le piège que constituaient ces rendez-vous réguliers était que je baisse la garde, amadoué à mon tour par Touvier, par la proximité instaurée dans mon cabinet, l'attention perturbante dont je devais faire preuve face à ses problèmes de santé.

Ma greffière jouait en cela un rôle déterminant. Elle percevait des attitudes qui m'échappaient, plongé que j'étais dans le dossier, une réaction de Touvier à une question, un manque de recul nécessaire chez moi. Pourtant, Trémolet de Villers me reprochait souvent ma froideur, ma distance, ma propension à ne jamais laisser transparaître d'opinion face aux explications fournies par son client. En fait, je l'interrogeais comme n'importe quel criminel.

Néanmoins, dans cette affaire si particulière, je savais que pour caractériser un crime contre l'humanité il fallait réunir les éléments constitutifs non seulement des crimes de droit commun, ce que je savais faire, mais aussi les inscrire dans un contexte, mettre en évidence un plan concerté avec pour objectif l'extermination des Juifs, comprendre la politique de Vichy et la collaboration avec les forces d'occupation. Or à ce sujet, je ne disposais pas des connaissances historiques. C'est ainsi que j'eus l'idée de constituer un comité d'experts informel. Pour m'informer, me rassurer, m'aider.

Bien sûr, j'ai beaucoup lu. Je me suis plongé, entre autres, dans *Histoire de la Milice* de Jacques Delperrié de Bayac[3]. J'ai acquis un vernis de connaissances sur cette période dont j'ai vite compris la complexité. Il y avait, comme on le sait, s'affrontant à travers une presse souvent très violente, antisémite, anticommuniste ou anti-maçonne, une multitude de petits partis d'extrême droite et d'extrême gauche. Les retournements de vestes, les multiples changements de comportements et tous les opportunismes personnels n'aidaient pas à saisir une situation si troublée et permettaient a posteriori tous les mensonges.

Je me questionnais moi-même sur ce que j'aurais fait dans le bain à remous de l'époque. Je me disais que tout le monde n'est pas le général de Gaulle ou Jean Moulin, et j'ai compris qu'en tout cas, en 1940, 80 % des Français soutenaient le Maréchal Pétain.

À cette époque, de nombreux colloques avaient lieu. Je me suis rendu à l'un d'entre eux, organisé par l'Institut d'histoire du temps présent. Je ne me souviens pas précisément du thème traité, mais j'ai profité des interventions d'historiens de grande renommée pour leur demander si je pouvais, à l'occasion, les solliciter pour m'informer sur tel ou tel aspect de cette période controversée. C'est spontanément, et sans réticence, que s'est formé ce petit groupe. On se retrouvait

3. Fayard, 1994.

donc rue des Francs-Bourgeois chez Jean-Pierre Azéma, historien spécialiste de Vichy et de la Résistance. J'aimais beaucoup me rendre chez lui car c'était un véritable appartement d'universitaire, d'intellectuel, avec des livres qui couvraient tous les murs, il y en avait jusqu'au plafond, j'en étais très impressionné.

Par ailleurs, un jour, de manière anecdotique mais émouvante, Jean-Pierre Azéma m'a sorti un très gros volume largement illustré de photos, sur les prisonniers de guerre, dont nous parlions à bâtons rompus. Je suis tombé sur une image de mon père avec d'autres soldats dans son oflag près de Stuttgart. Une image qu'il ne voudra jamais voir, sa captivité dont il ne parlait pas, l'ayant certainement très affecté.

Notre petit groupe comptait aussi François Bédarida, historien spécialiste du XXe siècle, et le professeur René Rémond, dont les travaux en matière d'histoire politique et religieuse de la France font autorité, tous deux résistants.

« Touvier me raconte des choses et j'aimerais être certain que c'est conforme à ce qui se passait à l'époque », leur ai-je dit. Nous avions convenu, alors, de dîner ensemble tous les trois à quatre mois dans une ambiance sympathique. C'est Azéma qui cuisinait. C'était un professeur d'université assez atypique, provocateur, toujours avec une écharpe noire autour du cou qu'il fasse 40 ou -10 °C. Son père avait été milicien et il y avait probablement une part d'histoire personnelle à exorciser dans ses travaux sur cette période. Bédarida était quelqu'un de beaucoup plus réservé. Les discriminations, les déportations, les exterminations, la Shoah étaient son domaine. Très proche des milieux ecclésiastiques, Rémond était d'une grande intelligence, d'une grande finesse d'analyse, d'une grande simplicité. J'arrivais avec ma liste de questions. Jamais personne ne levait les yeux au ciel quand certaines de mes interrogations pouvaient paraître simplistes. Dans le cadre classique de mes investigations, ma préoccupation était d'établir la réalité du rôle de Touvier, les circonstances, son degré d'implication, de rechercher les témoins, de situer les lieux. Mais pour que la qualification de crimes contre l'humanité tienne, il fallait que les faits soient la traduction d'une idéologie politique, d'une extermination planifiée, systématique des Juifs, décidée par l'État français. Autrement dit, est-ce que Vichy avait la volonté d'éliminer complètement les Juifs présents sur le territoire ? Est-ce que les crimes commis l'ont été « au nom d'un État pratiquant une politique d'hégémonie idéologique » ? Est-ce qu'il y avait un plan qui avait été conçu dans ce but ? Il y avait bien eu de nombreuses mesures antijuives prises par Vichy, les lois sur le statut des Juifs de 1940 et de 1941, qui consacraient une politique de discriminations, de persécutions. D'abord celles des Juifs étrangers vivant en France, puis celles des Juifs français. Il y a eu des arrestations, des déportations. Mais était-ce une politique délibérée, concertée ? Est-ce que nous étions dans le cadre des accords de collaboration avec les nazis ? Je posais toutes ces questions à Jean-Pierre Azéma, François Bédarida et René Rémond. Cela les a beaucoup agités. Ils n'avaient pas abordé Vichy sous cet aspect juridique. Mon besoin de caractériser les éléments constitutifs de ces crimes contre l'humanité était au centre de mes préoccupations. Leurs réponses étaient mitigées. Ils ne pouvaient pas dire qu'il n'y avait pas eu une volonté de porter atteinte aux Juifs mais ils hésitaient à considérer qu'il y eut véritablement une entreprise vichyste d'extermination systémique dans le droit fil de la Solution finale fomentée à la conférence de Wannsee. Donc, à leurs yeux d'historiens, la qualification de crimes contre l'humanité, qu'ils auraient soutenue, me dirent-ils, s'ils avaient été appelés à témoigner devant la cour d'assises, restait ténue.

Au sortir de la guerre, Paul Touvier est condamné à mort à deux reprises par la cour de justice de Lyon en septembre 1946, puis celle de Chambéry en mars 1947. Par contumace, pour « trahison ».

Il est arrêté en juillet 1947 à Paris alors qu'il est mêlé au Plan bleu, un complot anticommuniste visant à renverser la IVe République, mais aussi parce qu'il a versé dans le banditisme. Il est emmené rue des Saussaies, à l'ancien siège de la Gestapo repris par les Renseignements généraux. Son identification rapide aurait dû le conduire tout droit au poteau d'exécution. De Gaulle n'aurait-il pas dit, plus tard, à son sujet : « Touvier : douze balles dans la peau » ?
Mais lorsque le policier qui l'interroge part déjeuner, il laisse la porte ouverte et une secrétaire lui indique la sortie. Touvier ne sera plus retrouvé, encore moins recherché. Par la suite, en 1981, des mandats d'arrêt seront délivrés mais jamais diffusés par la police. À cette époque, les effectifs de celle-ci sont encore très imprégnés de cette mentalité vichyste et collaborationniste qui a mené à la rafle du Vél' d'Hiv'. Les policiers ne sont donc pas enclins à pousser trop loin leurs recherches, s'agissant, en outre, d'un ex-milicien. Pourquoi s'investir dans la traque d'un homme déjà jugé pour des faits passablement anciens ? Il y eut à mon sens plus de démotivation que de réelles obstructions.
Pourtant, Touvier donnait régulièrement de ses nouvelles. En 1967, lorsque la prescription de ses condamnations à mort fut acquise, il chercha à obtenir en vain une première grâce le relevant d'une interdiction de séjour pour pouvoir vivre au grand jour. Grâce qu'il obtiendra en catimini quatre ans plus tard de la main du président Pompidou, cette fois pour faire tomber une peine complémentaire d'interdiction de ses droits civiques, civils et de famille, l'empêchant de percevoir l'héritage de son père. L'appât du profit, toujours.
Il apparaît en photo dans *L'Express* en 1972, piégé à la fenêtre de la maison de son père à Chambéry par le journaliste Jacques Derogy, qui lui a fait livrer un bouquet de glaïeuls de la part de Klaus Barbie, et le photographe Christian Deville.
À la fin des années 1970 et au début des années 1980, il donne des interviews sur Antenne 2, RTL, au *Quotidien de*

Paris, avec toujours cette volonté obstinée de se justifier. En octobre 1981, Martine Anzani, l'une des juges qui m'ont précédé dans l'instruction du dossier, se met en rapport avec son avocat de l'époque, Me Geouffre de La Pradelle, afin de lui donner l'occasion de s'expliquer. Touvier ne déférera pas à la convocation, ce qui lui aurait certainement évité de mourir en prison. Sans doute sa plus grande erreur. Elle délivrera, en 1981, deux mandats d'arrêt qui n'auront jamais été diffusés. En réalité, la traque de Touvier débute à cet instant. En septembre 1984, il fera paraître un faux avis de décès dans *Le Dauphiné libéré*, espérant sans doute tirer un dernier voile sur sa cavale.

Claude Grellier, ancien juge d'instruction en charge du dossier, avait dessaisi la Police judiciaire, dont il reliait le peu d'entrain dans les investigations à des relents de collusion avec la mouvance d'extrême droite, quelques mois avant que je ne reprenne le dossier. Si je ne suis pas aussi radical dans l'analyse de l'enlisement de l'affaire, l'initiative s'est révélée judicieuse. Les gendarmes de la Section de recherches de Paris, commandée par le colonel Jean-Louis Recordon, ont apporté un regard neuf.

Recordon, avec sa petite moustache très british, sa posture un peu raide, avait des airs de David Niven. Il savait parfaitement répartir les missions entre ses hommes en fonction de leurs compétences respectives. Ce n'étaient pas des cow-boys. Ils ne partaient pas dans toutes les directions et restaient dans le cadre précis de mes commissions rogatoires. Mon correspondant direct au sein de la Section de recherches était le chef Mathy – qui deviendra officier avant de quitter la gendarmerie pour un poste de haute responsabilité et à forte rémunération dans la sécurité, à Monaco. Je l'appréciais pour son sens très aigu de l'enquête. Il savait parfaitement comment la mener, comment approcher un témoin, une victime, pour obtenir le maximum d'informations. Pour son intuition, très souvent judicieuse, aussi. Nous avons noué une

relation de très grande confiance, pas amicale mais presque. Je confierai d'autres enquêtes à Recordon et à Mathy.
Concernant le dossier Touvier, pendant une après-midi complète, nous avons élaboré notre stratégie d'enquête, laquelle devait s'orienter autour de trois axes d'investigation. Celui extrêmement classique, quand on recherche un individu en fuite, de l'entourage familial, déjà ciblé par Martine Anzani et Claude Grellier, celui de ses soutiens religieux manifestes, et puis celui de la grâce présidentielle.
Grellier s'était intéressé à cette dernière piste. Il avait écrit à la Chancellerie pour se faire remettre le dossier de demande de grâce, laquelle lui avait opposé une fin de non-recevoir: « Le droit de grâce est un droit régalien. Le président de la République n'a pas à se justifier ». Pourtant, il était important de savoir quelles étaient les personnalités qui avaient fourni des attestations pour soutenir la demande, et de s'assurer qu'elles n'étaient pas encore en relation avec Touvier.
Me concernant, je n'ai pas procédé comme mon collègue: je n'ai pas demandé que l'on m'envoie le dossier de grâce, je suis allé le chercher. Ainsi, après avoir informé le Garde des Sceaux Pierre Arpaillange, lequel était directeur des affaires criminelles et des grâces au moment de celle accordée à Touvier et pour laquelle il avait émis un avis défavorable, je me suis pointé le 27 novembre 1989 avec ma greffière en fin d'après-midi Place Vendôme. J'ai été reçu par le sous-directeur aux affaires criminelles et aux grâces qui m'a remis le dossier, manifestement à contrecœur (j'allais dire de mauvaise grâce), que j'ai placé sous scellés.
À l'examen de ce dossier on y trouve des soutiens illustres, des résistants de la première heure, l'ex-ministre de la Justice déporté à Dachau, Edmond Michelet; le colonel Rémy; un philosophe, Gabriel Marcel, père du « socratisme chrétien »; un acteur aux sympathies vichystes, Pierre Fresnay; un diplomate de haut rang, ancien membre du Conseil national de la Résistance et ex-directeur de cabinet du général de Gaulle;

René Brouillet, sans doute le plus actif en faveur de Touvier. Il faut se rappeler les propos tenus par Georges Pompidou, lors d'une conférence de presse, le 21 septembre 1971 : « Le moment n'est-il pas venu de jeter le voile, d'oublier ces temps où les Français ne s'aimaient pas et même s'entretuaient ? » Il tentait d'éteindre le tollé suscité par l'article de Derogy révélant son décret de grâce. Une grâce portant exclusivement sur des peines complémentaires, paradoxalement imprescriptibles, pour laquelle Touvier avait dû sortir du bois. En revenant dans le débat national pour reprendre simplement possession de la maison paternelle, laquelle sera du reste incendiée, le 24 juin 1972, l'ancien milicien de Lyon devait déclencher les plaintes avec constitution de partie civile des familles Vogel et Glaeser, les 27 juin et 3 juillet 1973 à Lyon et à Chambéry. Cette fois, on ne parlait plus de trahison ou d'intelligence avec l'ennemi, mais pour la première fois de crimes contre l'humanité.

Les commissions rogatoires délivrées pour établir les interventions et soutiens ayant mené à la grâce m'ont surtout permis de fermer des portes, selon le jargon judiciaire, tout en commençant à mesurer le fort pouvoir de persuasion de Touvier pour convaincre de son innocence.

La piste familiale et celle des monastères, qui n'allaient pas tarder à se confondre, devaient être plus profitables. C'est un renseignement anonyme qui nous mit sur la voie des Chevaliers de Notre-Dame. Un ordre créé par Dom Marie-Gérard Lafond, venant notamment en aide aux anciens collaborationnistes. Mais le colonel Recordon et ses hommes n'étaient pas les seuls à s'y intéresser. Un matin que j'étais arrivé tôt au palais, comme à mon habitude, frappent à la porte de mon cabinet deux journalistes du *Canard enchaîné*, Louis-Marie Horeau et Hervé Liffran. Ces deux spécialistes des affaires judiciaires viennent m'annoncer qu'ils vont sortir un article sur les liens entre les Chevaliers de Notre-Dame et Paul Touvier. Je leur dis tout de go que cela ne m'arrange pas trop. Les gendarmes viennent juste de lever ce lièvre et je leur demande de différer la parution d'une semaine, le temps que nous puissions mettre les responsables de l'organisation sur écoutes. Horeau et Liffran accepteront. Une coopération avec la justice assez exceptionnelle de la part du *Canard.*

Dès la publication, les interceptions téléphoniques montrent la tension existante chez les Chevaliers. Sans entrer dans le détail des investigations entreprises, les gendarmes filent Jean-Pierre Lefèvre, un Français engagé pendant la guerre dans la Waffen SS au sein de la division Charlemagne, devenu le précepteur de l'ordre, l'interpellent, le placent en garde à vue. Il reconnaît envoyer de l'argent à Touvier, argent qui transite par un responsable demeurant à Versailles, puis une femme du Secours catholique à Paris pour gagner le couvent des sœurs de la Fraternité à Saint-Michel-en-Brenne. Les enquêteurs foncent dans ce coin de l'Indre. Il est 20 heures ce 23 mai 1989, quand ils arrivent au carmel. La mère supérieure ne veut pas les laisser pénétrer dans « la maison de Dieu ». Le colonel Recordon lui répond que si ce ne sont pas les gendarmes qui entrent maintenant, ce seront « les premiers couteaux de Klarsfeld » qui viendront faire un sort à Touvier, et qu'elle aura sa mort sur la conscience. Sœur Marie Jeanne d'Arc, horrifiée par la perspective, leur ouvre la porte. Touvier a quitté les lieux quelques jours auparavant. Dans la chambre du père Buron, ils découvrent quatre malles marquées au nom de Paul Lacroix. Le prêtre avoue péniblement que Paul Touvier et Paul Lacroix ne font qu'un et qu'il se trouve à Nice.

Les enquêteurs me tiennent informé en temps réel, ce qui, loin de calmer ma fébrilité, l'exacerbe. D'une diagonale tracée dans la nuit, ils gagnent le prieuré traditionaliste Saint-Joseph dans le vieux Nice. Au petit matin du 24 mai, le frère Hervé de Beaulieu leur ouvre la porte. À l'étage, les gendarmes surprennent Touvier en pyjama au saut du lit. Il y a sa femme, Monique, et leurs deux enfants, Chantal et Pierre. Fin d'une cavale de quarante-cinq ans.

Les gendarmes de la Section de recherches de Paris ont pris cette enquête très à cœur. Nous fonctionnions en totale confiance. Ils ont été très efficaces dans leurs investigations, tant sur les plans opérationnel que procédural, ce qui a garanti une solidité juridique essentielle dans un dossier comme celui-ci.

Le colonel Recordon a voulu me convier à un petit pot pour célébrer l'arrestation de Touvier. Après avoir hésité, je me suis rendu à la caserne située près de la place des Vosges. Quand Recordon m'a demandé de prendre la parole, j'ai félicité les enquêteurs pour leur perspicacité, leur motivation, leur disponibilité, mais j'ai ajouté : « Si je suis là, c'est pour saluer votre excellent travail, mais pas pour fêter l'arrestation d'un homme, parce que je considère, même après cette affaire, qu'un homme devenu criminel est le résultat d'un échec social. À ce titre, je ne me réjouis jamais de mettre quelqu'un en prison, quels que soient les crimes qu'il a pu commettre. Même si c'est juste, même si c'est nécessaire, même si cela fait partie de mes devoirs et de mes obligations. »

Pourtant considéré comme un petit rouage du grand engrenage, Paul Touvier aura bénéficié tout au long de sa fuite de nombreuses protections. Je me suis beaucoup interrogé sur cette particulière capacité à faire adhérer à sa cause des personnalités très diverses, de haut niveau social ou intellectuel. Il faut bien sûr y voir là la manifestation de son pouvoir de séduction, de manipulation, mais aussi de sa parfaite appréciation de l'état d'esprit des uns et des autres dans cette période d'après-guerre. En effet, dans la police existaient encore des sentiments pétainistes. Dans le dossier de grâce, il y a des personnalités, dont Pompidou, qui en ces années 1970 naissantes veulent tourner la page. La France était en plein rapprochement avec l'Allemagne et ressasser tout ce qui avait pu se passer durant les hostilités, dont le rôle de Vichy, n'était plus bienvenu.

En outre, il fallait aussi prendre en considération l'importance du milieu ecclésiastique catholique. Ayant toujours baigné dans une foi traditionaliste, Touvier y évoluait avec une étonnante aisance. S'il a trouvé dans les cercles intégristes des gens proches de sa pensée, il a également su battre sa coulpe, jouer sur la rédemption, le pardon pour gagner à sa cause évêques et cardinaux. En ce domaine, le travail de la commission créée à l'initiative de Mgr Decourtray, primat des Gaules, et présidée par René Rémond, pour faire la lumière sur « Touvier et l'Église », le titre de son rapport, critiqué mais que j'ai trouvé assez objectif pour être joint au dossier, m'aura été très utile.

Parmi tous ces soutiens, il y eut celui, étonnant, de Jacques Brel. Touvier fit sa connaissance à Tarare, non loin de Lyon, un soir de récital en octobre 1959, auquel il était venu assister en famille à l'invitation d'un prêtre du Prado. Il se présenta à l'hôtel du chanteur où celui-ci dînait après son tour de chant. Touvier m'a raconté qu'il s'était rendu à sa table et présenté à lui en lançant « Touvier, condamné à mort ! », ne lui cachant rien de la clandestinité dans laquelle il vivait depuis quinze ans, lui disant que ses chansons l'aidaient à surmonter ses difficultés. Une amitié s'est instaurée. À tel point que Brel lui demandera de s'occuper de l'achat d'un terrain en Chartreuse pour la construction d'un chalet dont Touvier supervisera le chantier et qu'il occupera de temps à autre en l'absence de l'artiste. Brel l'aidera même à sortir un disque expliquant la sexualité aux enfants en 1967. Touvier et sa force acharnée de persuasion. Un trait de personnalité déterminant chez lui.

Comme tous les domaines auxquels je me suis intéressé, tous les dossiers que j'ai été amené à instruire, à juger, je me suis consacré à fond à l'affaire Touvier. J'ai voulu comprendre. Les ressorts, le contexte, les protagonistes. J'ai voulu voir les lieux. Je suis allé à Chambéry. J'ai retrouvé l'équipe proche de Touvier, sa secrétaire, son chauffeur, son garde du corps, une « armoire à glace », ancien bûcheron, qui me parlera des exactions commises pendant l'Occupation comme du bon vieux temps.

Je me suis rendu plusieurs fois à Lyon. Je suis allé saisir les archives au siège de l'Archevêché, au 1 place de Fourvière, l'adresse qui figurait sur la carte d'identité de Touvier fournie par la préfecture du Rhône, le 6 décembre 1967, au nom de Berthet, celui de sa femme. En effet, Mgr Charles Duquaire, secrétaire particulier de Mgr Gerlier, archevêque de Lyon, n'avait pas été étranger à la fourniture de ces vrais-faux papiers. Il avait été, d'ailleurs, avec Brouillet, l'un des principaux acteurs de la tentative de réhabilitation de Touvier, à travers la demande de grâce. Par charité chrétienne, expliquera-t-il... Je me suis aussi déplacé au monastère de la Grande Chartreuse pour y interroger le général des Chartreux, Dom Poisson. Je me suis rendu à la Grande Synagogue du quai Tilsitt avec Mme Vogel, témoin de l'attentat qui avait fait plusieurs blessés, le 10 décembre 1943, lors duquel elle a dit avoir vu Touvier lancer une grenade en plein office.

Je suis allé 5 impasse Catelin, où Touvier avait son bureau dans un lycée réquisitionné. J'avais opté pour un transport sur les lieux plutôt qu'une reconstitution, pour éviter toute agitation médiatique, ce qui m'a valu les critiques des parties civiles, en particulier de Me Jakubowicz. J'étais arrivé en train avec ma greffière. Touvier avait été acheminé par avion, escorté par les gendarmes du GIGN, casqués, masqués, armés. L'ancien siège du deuxième service de la Milice était redevenu un lieu d'enseignement. Pour cette intervention, j'avais attendu les vacances scolaires. Quand ils nous ont vus débouler vers midi, deux peintres en bâtiment qui cassaient la croûte se sont demandé ce qui se passait, expédiant leur repas en un temps record.

Le bureau de Touvier était au premier étage. Juste à côté, il y avait un cagibi avec une petite fenêtre. C'est là que Siegfried Prock, Claude Ben Zimra, Louis Krzyzkowski,

Émile Zeizig, Maurice Schlisselmann, Léon Glaeser et « l'inconnu paraissant 25 ans » avaient été détenus la nuit du 28 au 29 juin 1944 avant d'être exécutés, au petit matin, contre un mur à l'arrière du cimetière de Rillieux. Mitraillés par la Milice, achevés d'une balle dans la tête. Or il y avait un huitième otage dans ce réduit, normalement lui aussi promis à la mort : Louis Goudard, communiste, résistant au sein des FTP-MOI, dont il était le chef du renseignement régional. Il avait été arrêté une semaine plus tôt. Il ne s'est pas réjoui ce 28 juin à l'annonce de la mort de Philippe Henriot, milicien devenu la voix de Radio Paris, et secrétaire d'État à l'Information et à la Propagande du gouvernement Laval, abattu par la Résistance au siège même de son ministère, à Paris. Goudard savait ce que cela voulait dire de représailles, d'exécutions sommaires. En fin de journée, il a vu arriver les sept Juifs. Le représentant d'une maison de mode pris dans un restaurant, un commerçant dans son magasin, un maroquinier dans une épicerie, un fabricant de jouets là, un avocat ici… Il a discuté avec eux au cours de ce qui devait être leur dernière nuit. Il a entendu le jeune inconnu aux cheveux blonds bouclés entonner un air d'opéra, un air de la *Tosca*, l'air de celui qui doit être fusillé le lendemain, *E lucevan le stelle*. Louis Goudard était en pleurs quand il m'a raconté cela. Au petit matin, Touvier l'a fait écarter, seul non-Juif, du groupe en partance pour Rillieux. Le résistant a entendu le chef milicien donner ses ordres pour l'assassinat des sept autres. Le témoignage de Louis Goudard sera capital pour caractériser les crimes contre l'humanité commis par Touvier.

J'ai voulu entendre aussi Klaus Barbie, le chef de la section IV de la Sipo-SD à Lyon, la police SS, condamné à la perpétuité deux ans plus tôt pour crimes contre l'humanité. Il avait sévi en même temps que Touvier. Je voulais savoir quelles avaient pu être leurs relations, quels ordres Barbie avait pu donner. Touvier était resté assez évasif à ce sujet, craignant sans doute que sa proximité avec « le boucher de Lyon », tortionnaire de Jean Moulin, organisateur entre autres de la rafle de la rue Sainte-Catherine, de celle des enfants de la maison d'Izieu, du dernier convoi quittant Lyon pour Auschwitz avec 600 déportés à bord, n'aggrave sa situation. Je me suis transporté à la prison Saint-Paul avec Christian Riss, le juge lyonnais ayant instruit le dossier Barbie, qui m'avait dit : « À toi, il ne te dira rien. » Barbie, petit personnage pète-sec, n'a pas été plus disert avec lui, visiblement irrité que l'on vienne le déranger pour lui poser des questions sur un milicien sans importance à ses yeux, dont il se souvenait vaguement du nom, et dont il n'avait eu aucune utilité pour faire ce qu'il avait eu envie de faire dans la région. En quittant la pièce où nous l'interrogions, il m'a juste lancé : « Touvier, je l'ai vu deux ou trois fois. »

Ces différents déplacements m'étaient absolument nécessaires. Comme dans beaucoup d'affaires criminelles que j'ai instruites, j'éprouvais l'impérieux besoin de m'imprégner de la réalité des lieux, des ambiances, d'imaginer la plausibilité des scènes et de m'assurer de la vérité des actions. La confrontation à la réalité apporte une meilleure appréciation, une meilleure compréhension des faits et des explications fournies.

J'ai transmis le dossier d'instruction, le 29 octobre 1991, à la chambre d'accusation de Paris, seule compétente pour décider d'un éventuel renvoi devant la cour d'assises. Je n'avais retenu que six faits imputables à Touvier sur les onze que j'ai instruits.

Le 13 avril 1992, la chambre d'accusation rendait un arrêt de non-lieu pour faits insuffisamment caractérisés, notamment à propos de l'enlèvement à Caluire de Victor Basch, président de la Ligue des droits de l'homme, et de son épouse Hélène, 80 ans, dont les corps avaient été retrouvés criblés de balles à Neyron dans l'Ain. Je ne l'ai pas compris. Même si j'avais eu, moi-même, quelques hésitations, j'aurais préféré un acquittement au procès après des débats contradictoires. Ce ne fut pas le cas. Les 292 pages de l'arrêt annihilaient toute perspective de procès. Balayé aussi l'attentat contre la synagogue du quai Tilsitt ; balayées les complicités d'arrestations, de séquestrations de résistants et de Juifs ensuite déportés ; balayées les complicités d'assassinats ; balayées les exécutions de Rillieux. Balayé tout le dossier en raison d'un non-lieu général déniant la qualification de crimes contre l'humanité, Touvier ayant agi pour le compte de Vichy, qui ne pouvait être assimilé à un État participant à la Solution finale. Il ne s'agissait plus que de crimes de guerre, éteints comme l'action publique, par la prescription.

Cette décision a suscité la colère des parties civiles, des associations de déportés, de nombreuses réactions politiques, médiatiques. « Les salauds », avait même intitulé sa tribune Me Szpiner dans *Le Nouvel Observateur*. L'arrêt était pourtant très motivé, élaboré, réfléchi, construit. Les trois magistrats de la chambre d'accusation avaient rendu une décision conforme à leurs convictions. On les a accusés d'être de droite, d'avoir suivi mot pour mot les conclusions de Me Trémolet de Villers. C'était sans doute que ses arguments leur avaient semblé pertinents. Il n'y a pour moi rien de choquant à suivre un avocat dans ses développements s'ils recoupent votre raisonnement. S'ils ont fait un travail sérieux, les magistrats de la chambre d'accusation se sont, selon moi, égarés en s'aventurant sur un terrain historique, en voulant décider des caractéristiques de ce qu'était ou n'était pas le régime de Vichy, ce qui ne relevait pas de leurs compétences, alors qu'il aurait fallu coller à la définition du crime contre l'humanité intégrée dans le Code pénal depuis 1964, laquelle était la reprise de celle formulée par l'article 6-c du statut du tribunal militaire international de Nuremberg. J'ai su que le président avait été le principal rédacteur de l'arrêt. Les deux conseillers se sont laissé emporter. Ils ont très mal vécu la tempête déchaînée.

Leur erreur a été de fermer totalement les débats sur des faits qui auraient mérité d'être débattus : le rôle de la Résistance, le rôle de la Milice dans la répression de la Résistance, le rôle de la Milice dans la persécution des citoyens juifs, dans leur déportation, le rôle de Vichy dans l'extermination des Juifs, toutes ces facettes auraient pu être abordées à travers le dossier Touvier.

On peut être désavoué par une chambre d'accusation, une cour d'assises. Le juge qui ne détient pas la vérité absolue, loin de là, doit s'y soumettre. Mais cet arrêt a provoqué chez moi une grande déception. J'avais le sentiment que l'on passait à côté, qu'il aurait été nécessaire que la justice s'empare de cette affaire, qu'une juridiction composée de citoyens puisse s'en saisir. Ce dossier qui comptait deux tomes quand je l'ai repris et cinquante quand je l'ai renvoyé, m'avait demandé un énorme investissement professionnel avec mes enquêteurs, ma greffière. Il avait impacté ma vie personnelle aussi. Et cet arrêt donnait raison à tous ces gens autour de moi qui me répétaient que ces vieilles histoires n'arriveraient jamais au procès.

Si on ne jugeait pas Vichy, la Milice et une certaine époque de l'histoire de France encore fort dérangeante, on ne pouvait laisser, à nouveau, s'échapper Paul Touvier. La chambre criminelle de la Cour de cassation a rattrapé l'ancien milicien par la manche. En ne retenant que la rafle et l'exécution des sept Juifs de Rillieux, dans son arrêt du 27 novembre 1992, en considérant qu'il avait agi à la demande des Allemands, en complice du IIIe Reich, en complice de crimes contre l'humanité. L'historien Henry Rousso ne s'y est pas trompé. C'était tronquer la vérité, ce n'était pas ouvrir le bon procès. Ce n'était plus considérer Touvier comme le bras armé de Vichy agissant de son propre chef dans le droit fil d'une idéologie semblable à celle des nazis, niant ce que mon instruction avait établi.

J'ai lu dans les comptes-rendus d'audience que Arno Klarsfeld avait bousculé le procès, plaidant la réalité du dos-

sier contre les contorsions procédurales qui avaient amené Touvier devant la cour d'assises des Yvelines à Versailles, « la vérité pliée pour la faire passer sous les fourches caudines des arrêts incohérents de la Cour de cassation », la culpabilité autonome de Vichy contre la soumission à l'occupant. Jusqu'à faire craindre l'acquittement aux autres parties civiles qui n'étaient là que pour obtenir condamnation.
Je sais que le procès a été très bien tenu par Henri Boulard, ce qui était, pour lui, une énorme charge en plus de ses fonctions de Premier président de la cour d'appel de Versailles. Je n'y ai pas assisté. Je n'ai pas voulu même y témoigner quand Trémolet de Villers en a fait la demande pour me voir venir attester que son client n'avait jamais éludé les questions dans mon cabinet, alors que sa mémoire chancelante apparaissait sélective devant la cour. « Je ne pense pas qu'il faille rabaisser le juge d'instruction au rang d'aide-mémoire », s'était opposé l'avocat général Hubert de Touzalin. J'avais déjà consenti à la lettre, cela suffisait. J'avais instruit, j'avais fait mon travail. La chambre d'accusation, la Cour de cassation avaient pris leurs responsabilités. À la cour d'assises de prendre les siennes. J'ai refusé de revenir faire mon instruction à la barre. Personne n'a insisté. Je voulais rester à ma juste place.
La stratégie de Touvier, qui consistait à dire que pour venger Henriot, Werner Knab, chef de la Sipo-SD de Lyon, avait exigé 100 Juifs, nombre ramené à 30 par Victor de Bourmont, son supérieur, et qu'en en désignant sept, il en avait sauvé 23, voire 93, n'a pas fonctionné. Pas plus que le talent de Me Trémolet de Villers n'a suffi. Le 20 avril 1994, Paul Touvier a été condamné à la réclusion criminelle à perpétuité.
Au verdict, j'ai quand même ressenti un soulagement : celui de la justice rendue, d'une réponse sociale adaptée, de la légitimité de la sanction. Même après toutes ces années, toutes ces critiques. Simone Veil elle-même s'est interrogée sur « cette justice qui intervient longtemps après les crimes ».

Pour ma part, je pense que les lois n'ont d'intérêt et d'utilité sociale que si elles sont appliquées. Quelle est l'utilité d'une loi qui rend imprescriptibles les crimes contre l'humanité si l'on n'en fait pas usage au prétexte que le temps a passé ? Les faits démontrent que cette nécessité s'impose lorsque l'on constate que des individus comme Pinochet, Hissène Habré, Milosevic et autres génocidaires rwandais sont rattrapés des dizaines d'années après leurs agissements criminels.
J'ai traversé l'instruction du dossier Touvier seul. Seul face à l'ampleur de la tâche. Aujourd'hui au moins deux juges d'instruction seraient co-saisis et bénéficieraient de l'appui d'assistants de justice. Quand je quittais le Palais, je fermais mon cabinet à clef et le dossier avec. Je n'emportais rien de ce que je vivais chez moi. Mes journées, mes déplacements me soustrayaient déjà assez à ma famille. J'étais seul face à la presse, le parquet ne remplissant pas le rôle de bouclier qu'on lui connaît désormais. Le jour de l'arrestation de Touvier, j'avais deux cents journalistes à ma porte, dix caméras qui me suivaient jusqu'au métro. Cette pression a connu de nouveaux pics avec le transport impasse Catelin à Lyon, le non-lieu général de la chambre d'accusation, l'arrêt de la Cour de cassation, la libération de Touvier avant son procès. Toutefois, et même si le dossier remuait beaucoup l'histoire politique de la France, cassait le récit gaullien du « Tous résistants », pointait des milieux catholiques peu regardants, je n'ai subi aucune pression. J'ai toujours eu une liberté d'esprit et de travail, et tout le monde savait sur l'île de la Cité qu'« il ne fallait pas venir chercher Getti ». Personne ne s'est autorisé à me conseiller ce qu'il convenait de faire ou de ne pas faire. J'ai bénéficié là d'une complète indépendance.
Si je n'ai pas instruit en historien, c'est peut-être un peu prétentieux de le dire, j'ai le sentiment d'avoir instruit pour l'Histoire. Malgré les à-coups procéduraux, le procès inabouti a permis d'aborder un aspect sciemment occulté des responsabilités de la France occupée. Jacques Chirac

n'avait pas encore reconnu la responsabilité de Vichy dans la rafle du Vél' d'Hiv'.

Mon regret aura été de ne pas avoir davantage marqué l'antisémitisme forcené de Touvier. Dans l'une des malles retrouvées au couvent de Saint-Michel-en-Brenne se trouvait un grand cahier vert qu'il avait tenu jusqu'en 1988. Il y avait collé des coupures de journaux sur Anne Sinclair, Élisabeth Badinter, Charlotte Rampling, Serge Gainsbourg, André Frossard, annotées d'insultes haineuses envers les Juifs. Je l'avais bien sûr interrogé là-dessus. Sans doute pas assez. Il avait minimisé. Exhumé des pièces du dossier, lors du procès par une assesseure qui l'a presque feuilleté incidemment, le « grand cahier vert » a révolté un peu plus les parties civiles qui m'ont reproché de ne pas avoir plus attiré leur attention sur ce document. C'était pour elles la preuve de la permanence de l'antisémitisme de Touvier, de sa haine ancrée au plus profond de lui-même. Qu'il était le même qu'en 1944. Pensant, quant à moi, que son adhésion à l'idéologie vichyste, à la révolution nationale, son action au sein de la Milice, ainsi que les faits de Rillieux étaient des manifestations beaucoup plus fortes de son antisémitisme, je suis passé à côté. Cela reste un point sensible pour moi. Peut-être un loupé.

J'ai mené mon instruction en droit et rien qu'en droit. Une façon de garder de la distance même si les faits étaient anciens, une façon de ne pas me laisser écraser par ce qu'ils charriaient de drames et d'horreurs. C'était la première fois que je me trouvais confronté aux conséquences exterminatrices du refus de l'autre, aux abjections d'une intolérance éliminatrice, d'une idéologie destructrice. J'ai perçu la force de la propagande qui persuade, celle des mots qui désignent. Les discours de Hitler, les affiches de la France vichyste. Ce sont les mêmes mécanismes que je retrouverai à l'œuvre au Rwanda à travers les diatribes de Radio Mille Collines contre les Tutsis ou à Srebrenica autour du récit sur la Grande Serbie, qui aboutiront là aussi aux massacres. Je ne supporte pas l'intolérance, la négation ethnique, politique, religieuse de l'autre, qui conduit au pire. Je ne supporte pas plus l'intolérance de tous les jours, celle qui dédaigne l'autre parce que son physique, sa race, son handicap heurte la norme lisse. Quand on m'interroge sur les faits déterminants de ma carrière, on me parle tout de suite de l'affaire Touvier. Si elle m'a effectivement beaucoup occupé, que je m'y suis totalement plongé, elle ne reste pas pour moi comme la plus marquante. Au cours des dossiers que j'ai instruits, j'ai rencontré des personnages, certes moins médiatisés mais autrement plus passionnants que Paul Touvier. Lorsqu'il est mort en détention, le 17 juillet 1996, je me suis dit qu'une page sombre, à la fois historique et humaine, venait de se tourner. Et j'ai pensé à sa famille, sa femme, sa fille, son fils, qui avaient vécu toute leur vie sous sa coupe égoïste, voués corps et âmes à sa cause, enfermés dans la crainte d'une arrestation. J'ai pensé à ces existences gâchées. Quand j'avais entendu le fils, Pierre, je lui avais demandé ce qu'il aurait aimé faire. « J'aurais voulu diriger une scierie. J'adore le bois, l'odeur du pin coupé », m'avait-il répondu les larmes aux yeux.

Aloïs Brunner et l'affaire du fichier

C'était un dimanche matin de l'automne 1991, à mon domicile. La sonnerie du téléphone. Serge Klarsfeld au bout du fil. « Monsieur le juge, j'ai fait une découverte importante qui devrait vous intéresser. »

J'avais noué une relation de confiance étroite avec Serge Klarsfeld à l'occasion de l'affaire Touvier dans laquelle l'association des Fils et Filles des déportés juifs de France, qu'il a fondée avec sa femme Beate, s'était constituée partie civile, représentée par leur fils Arno, l'avocat aux rollers, à la robe froissée, aux cheveux hirsutes, au goût prononcé pour le combat. Avec ses cacahuètes qu'il épluchait à longueur d'interrogatoires dans mon cabinet. Serge Klarsfeld est quelqu'un d'intelligent, d'obstiné, de charismatique, avec une forme de simplicité et de gentillesse. Il s'est totalement consacré à sa quête : pourchasser les criminels mais aussi donner un nom, une histoire, un visage aux victimes. Pour cela, il a constitué une documentation gigantesque. Quand, dans le dossier Touvier, j'avais besoin de retrouver une archive, je me rendais à son cabinet de la rue de la Boétie et je descendais dans les caves, au milieu de son stock incroyable de documents. Comme il l'a dit à Marion Van Renterghem dans un portrait qu'elle lui a consacré dans *Le Monde*, Serge Klarsfeld « n'aime pas le droit ». Il y est venu pour servir sa cause. Celle d'un historien devenu « avocat militant », déterminé

coûte que coûte à identifier, localiser, mener des poursuites contre les anciens nazis et leurs complices.
Klarsfeld a toujours cassé les codes, été à rebours des stratégies des autres parties civiles. C'est ce qui me plaisait chez lui. Seule la vérité, notamment historique, lui importait, quels que soient les buts recherchés par les uns et les autres. Quitte à menacer l'issue ou même la tenue du procès, comme cela s'est passé pour Touvier et pour Papon.
Toutes ses réflexions et analyses sur l'impunité, l'imprescriptibilité des crimes contre l'humanité ont été déterminantes dans l'établissement du droit. Sa rencontre aura été pour moi très riche.

« Monsieur le juge, au secrétariat d'État aux Anciens Combattants, il y a le fichier établi par la préfecture de police de la Seine qui a servi à l'arrestation des Juifs de Paris, me confia Serge Klarsfeld lors de cet appel dominical. Il me semble important de le mettre en sécurité, symboliquement, historiquement et surtout juridiquement. » Symboliquement, historiquement évidemment, je voyais bien l'intérêt de Klarsfeld d'exhumer cet outil ayant nourri l'infamie. Juridiquement, saisir ce fichier me semblait plus compliqué. Quel lien avec l'un de mes dossiers ?
« Ce fichier a servi pour les rafles qui ont conduit les Juifs à la déportation et à l'extermination. Aloïs Brunner dirigeait le camp de transit de Drancy et composait les trains », me souffla Klarsfeld.
Or j'avais effectivement en charge à mon cabinet le dossier Brunner, après avoir été saisi de deux plaintes déposées le 4 décembre 1987 et le 11 mai 1988 par l'association des Fils et Filles des déportés juifs de France et la Ligue contre le racisme et l'antisémitisme.
Ces plaintes visaient deux convois qui signaient en pleine offensive alliée le fanatisme génocidaire de cet officier SS. Celui dit « des enfants », 345 orphelins ou séparés de leurs

parents, âgés de 15 jours à 18 ans, arrêtés entre le 11 et le 21 juillet 1944, dans les centres de la région parisienne de l'Union générale des israélites de France, pour être conduits soit à Bergen-Belsen par le convoi 80B, le 23 juillet, soit à Auschwitz par le convoi 77, le 31 juillet. 284 de ces enfants seront assassinés. Celui dit « des otages », le convoi 79 du 19 août 1944, le dernier pour Buchenwald, rempli de 51 prisonniers politiques, de résistants, juifs pour certains, extraits de la prison de Fresnes, dont Jean Frydman (que je retrouverai dans le dossier L'Oréal, et qui deviendra un ami), Marcel Dassault, Robert Antelme...

« Vous êtes partie civile dans le dossier Brunner, faites-moi une demande officielle de saisie de ce fichier en précisant pourquoi celui-ci est essentiel à l'instruction », ai-je convenu avec Serge Klarsfeld, enfin conscient de l'importance de cette démarche particulière

Le mardi 12 novembre 1991, je me rends à Val-de-Fontenay, dans le Val-de-Marne, accompagné du gendarme Philippe Mathy, devenu adjudant. Deux jours plus tôt, j'ai pris le soin de prévenir le cabinet de Louis Mexandeau, tout nouveau secrétaire d'État aux Anciens Combattants. À l'annonce de la proche délivrance d'un mensonge devenu trop lourd à porter, j'ai senti comme une forme de soulagement. Le bâtiment moderne de la sous-direction de la réglementation et des statuts où sont conservées les archives a à peine dix ans. De hautes armoires de métal laqué s'alignent sur des kilomètres, des volants ouvrent les portes sur des centaines de milliers de fiches bristol jaunies au nom des Juifs français et étrangers que l'on a contraints à venir se faire recenser dans les sous-préfectures ou les commissariats de police entre le 27 septembre et le 20 octobre 1940. 149 734, rien que pour le département de la Seine. Il y a là aussi les archives de Drancy, celles des camps de Beaune-la-Rolande et Pithiviers, les fiches des gens qui ont été déportés.

Je ne peux évidemment tout emporter. Je place l'ensemble sous scellés ouverts. Mathy va s'astreindre à l'étudier sur place. Personne d'autre n'y aura accès sans mon autorisation. L'après-midi, Laurent Greilsamer, bien renseigné par Klarsfeld, titrait dans *Le Monde*: « Fichier des Juifs: la fin d'une énigme ».

Le fichier Tulard, du nom du haut fonctionnaire qui l'a créé, André Tulard, sous-directeur du service des étrangers et des affaires juives à la préfecture de police de Paris entre 1940 et 1943, est un formidable exemple de ce que peut produire la servile mécanique d'une administration bien huilée. Le nom, la nationalité, la profession, l'adresse… le fichier comporte plusieurs entrées que l'on peut croiser. Pour l'époque, c'est un fichier « modèle » jugera Theodor Dannecker, chef des affaires juives de la Gestapo en France. 27 388 fiches en seront extraites et classées par arrondissement pour préparer la rafle du Vélodrome d'Hiver menée à Paris les 16 et 17 juillet 1942. 13 152 Juifs, dont 4 115 enfants, seront arrêtés par la police et la gendarmerie françaises. Seulement une centaine d'adultes en reviendront.

Support implacable de la politique antisémite de Vichy, le fichier est déménagé de la Préfecture de Police de Paris, qui vient d'être libérée, fin août 1944. On ne sait par qui. Sans doute déjà remis aux services s'occupant des Anciens Combattants qui l'utiliseront pour accorder titres et pensions à ceux-là mêmes qu'il avait désignés pour la déportation. Mais personne ne veut plus parler de ces marques de persécution frappées à la machine à écrire. La France traumatisée ne veut plus de ces fichiers. Le 6 décembre 1946, Édouard Depreux, ministre de l'Intérieur, rappelle dans une circulaire que « conformément à l'esprit de la loi du 9 août 1944, il ne doit plus subsister de traces de la législation d'exception instituée sous l'Occupation et tous les documents fondés sur la qualité de juif doivent être détruits ».

La loi du 6 janvier 1978 relative à l'informatique, aux fichiers et aux libertés vient interdire un peu plus toute mention d'une origine raciale. Le secrétariat aux Anciens Combattants, qui détient dès lors illégalement le fichier lui servant pourtant à bon droit, se mure dans le mutisme. « Comment ce fichier a-t-il pu disparaître malgré son volume, sans laisser de traces ? », s'étonne en 1980 le sénateur Henri Caillavet, chargé d'une mission d'enquête avec Louis Joinet, directeur de la Commission nationale de l'informatique et des libertés (CNIL), après un article du *Canard enchaîné*. Aux Anciens Combattants, où l'on se sait clairement visé, on assure ne pas détenir ce fichier qui n'apparaît d'ailleurs dans aucun inventaire d'archives. « Ne pas donner accès à des documents qui établissent comment s'est déroulée une tragédie qui a marqué notre pays nous paraît déjà regrettable ; dissimuler sciemment l'existence de ces documents nous paraît condamnable », avait déclaré Serge Klarsfeld dans *Le Monde* mettant un peu plus la pression, que mon irruption bien orchestrée à Val-de-Fontenay aura permis d'évacuer. En mettant officiellement au jour l'existence de ce fichier honteux, je sentais que j'avais contribué à l'assainissement moral d'une situation qui n'était plus soutenable.
Parmi les milliers de fiches méticuleusement renseignées, il y avait celle établie au nom de Simone Jacob, arrêtée alors qu'elle a 16 ans, le 30 mars 1944 à Nice, avec toute sa famille. Ses deux sœurs et elle reviendront des camps. Pas son père, ni sa mère, ni son frère. À la faveur de son mariage, Simone Jacob deviendra Simone Veil. J'ai appelé son fils Jean Veil, avocat. Je lui ai dit de passer à mon cabinet, que j'avais quelque chose à lui montrer. Je lui ai remis la photocopie de la fiche. Il était très ému. Il m'a confié ensuite que sa mère l'avait été tout autant et qu'elle me remerciait.
L'adjudant Mathy a accompli un formidable travail d'inventaire. Il a pu reconstituer en deux mois l'intégralité de la composition du train des enfants et de celui des otages,

permettant d'établir un lien direct avec les faits dont j'étais saisi dans le dossier Brunner et validant la stratégie que nous avions mise au point avec Klarsfeld.

Dans la sombre galaxie des criminels nazis, Aloïs Brunner occupait une place particulière pour Serge Klarsfeld. L'ancien bras droit d'Adolf Eichmann, l'organisateur de la Solution finale, était le boutefeu de la vague d'arrestations opérée dans l'ancienne zone d'occupation italienne qui emporta son père, Arno, en 1943 à Nice, où la famille était réfugiée. Serge Klarsfeld avait 8 ans. Caché avec sa mère et sa sœur derrière le double fond qu'avait confectionné son père dans la penderie, il a vu les Allemands l'emporter. Ce sera Auschwitz, où le combattant de la Somme devenu résistant assommera un kapo, et l'envoi dans les mines de Fürstengrübbe, où il mourra.

Né en 1912 dans une famille paysanne de l'empire austro-hongrois, Aloïs Brunner adhère dès 1931 au parti nazi autrichien qui est encore clandestin, puis rejoint la SS en 1938. Il devient l'un des plus zélés collaborateurs d'Eichmann. Il organise la déportation des Juifs de Vienne, de Salonique, de la Côte d'Azur, de Bratislava. En tout quelque 123 000 personnes dont 23 885 en France, parmi lesquels 3 139 enfants. Ceux des centres de l'Union générale des israélites de France, qui figurent dans mon dossier. Ceux de la maison d'Izieu, raflés par Barbie. Entre mai 1943 et août 1944, il dirige d'une manière impitoyable le camp de Drancy, pour beaucoup dernière station avant l'extermination. Brunner sera condamné à mort par contumace pour crimes de guerre par les tribunaux permanents des forces armées en 1953 et en 1954 à Marseille et à Paris. Les services secrets français l'ont, semble-t-il, logé dès les années 1960 à Damas. Le Mossad aussi, qui lui aurait adressé un colis piégé en 1961, lequel lui emportera un œil. Un autre, dix-neuf ans plus tard, lui arrachera quatre doigts.

Mais Hafez el-Assad et le régime syrien engagés dans une guerre qui ne dit pas son nom avec Israël apprécient la haine des Juifs de l'ex-SS Hauptsturmführer, régurgitée à longueur d'interviews dans la presse allemande ou américaine jusque dans les années 1980, ainsi que ses compétences en matière de répression qui les aident à se maintenir au pouvoir. Ils nient donc toute présence sur leur sol de celui qui est devenu le conseiller de leurs services de sécurité. L'Autriche dès 1961, l'Allemagne fédérale en 1984, la France en 1989 formuleront des demandes d'extradition. Sans réaction. En 1987, Interpol a diffusé un ordre de recherche. En vain. « Cet homme est un étranger. S'il avait été ici, je le saurais. Si vous savez où il se trouve, j'envoie quelqu'un vous accompagner chez lui », déclare le président syrien en juillet 1998 sur TF1. Mis sur la piste dès la fin des années 1970 par Simon Wiesenthal, autre grand « chasseur de nazis », Beate et Serge Klarsfeld ont officiellement situé Brunner en 1982 à Damas. Il se fait appeler Georg Fischer, habite 7 avenue Georges-Haddad à Damas, dans le quartier huppé des ambassades, travaille dans l'import-export. En juin 1991, je délivrerai une commission rogatoire internationale demandant à l'État syrien de « bien vouloir accepter la présence d'enquêteurs français ». Elle restera lettre morte. Je chercherai moi-même à me rendre à Damas. Sans illusion. Je n'obtiendrai pas de visa, pas plus que l'autorisation de la Chancellerie qui ne soutenait pas ma démarche. Sans doute au nom de « la politique arabe de la France ». C'est le juge Hervé Stéphan qui a clos le dossier Brunner, le renvoyant devant la cour d'assises de Paris pour « crimes contre l'humanité ». L'ancien capitaine SS sera condamné par contumace le 2 mars 2001 à la réclusion criminelle à perpétuité, sans que l'on sache s'il était encore vivant.

« Tout le monde s'affole à propos du fichier, tout le monde en réclame la conservation, les Anciens Combattants, les Archives nationales, le ministère de la Justice, les associations de déportés et internés juifs. Il ne doit pas disparaître encore. Il n'y a qu'un seul endroit où ce fichier doit être déposé : c'est le Mémorial de la Shoah à Paris », me lance un jour Serge Klarsfeld en déboulant dans mon cabinet.

Je recevais parfaitement sa motivation. J'avais fait rapatrier au Palais les milliers de fiches qui m'ont permis de reconstituer « le convoi des enfants » et celui « des otages ». Je les avais physiquement placées sous scellés que je ne pouvais évidemment briser. C'était parfaitement illégal. Mais d'un point de vue moral ? J'ai considéré que la demande de Klarsfeld était juste et j'ai en conscience pris le risque. J'ai confié le fichier à Klarsfeld pour qu'il le microfilme. Au bout de quinze jours et quelques cheveux blancs, il me l'a rendu. Personne n'en a jamais rien su. Et je pense que j'ai bien fait. En attendant que la destination de ce fichier, qui m'échappait complètement, soit tranchée, il était, selon moi, nécessaire qu'une copie puisse être conservée au Mémorial. Il y avait là un symbole fort qui ne pouvait pas se heurter aux mêmes considérations bureaucratiques ayant présidé à sa froide conception et à son implacable utilisation. Aujourd'hui, l'intégralité du « fichier des Juifs » original se trouve au Mémorial de la Shoah où il a été déposé officiellement en décembre 1997 dans une enclave dédiée des Archives nationales.

La loi reste bien sûr la première protection du citoyen. Dès l'instant où l'on s'affranchit de son respect, on tombe dans l'arbitraire. Mais c'est un devoir de légitime humanité que de dépasser la lettre sèche des textes dès lors que cela ne porte préjudice à personne, ne porte pas atteinte aux droits individuels, à ceux de la défense, des parties, du procès équitable. On touche ici au dilemme entre ce qui est légal et ce qui est juste, dilemme que les magistrats de ma génération, formés dans le creuset d'une ENM nourrie de débats sur la place du juge et la dimension de la loi, n'ont pas eu peur d'affronter.

René Bousquet, Jean Leguay : ces hauts fonctionnaires que l'on n'a pas su juger

J'avais désormais une certaine expertise et je savais ce qu'il fallait chercher, ce sur quoi porter l'attention. Albert Moatty, président de la chambre d'accusation de la cour d'appel de Paris, me délivra alors une commission rogatoire pour saisir aux Archives nationales le dossier sur la base duquel la Haute Cour de justice avait condamné, le 23 juin 1949, l'ancien secrétaire général à la police de Vichy, René Bousquet, à cinq ans d'indignité nationale pour « aide à l'Allemagne et actes de nature à nuire à la défense nationale ». Indignité dont elle l'avait aussitôt lavé pour sa participation « active et soutenue à la résistance contre l'occupant ». 5 178 pièces à éplucher pour vérifier si les dernières plaintes visant l'ami de Pierre Laval relevaient bien de faits nouveaux, si elles ne venaient pas heurter l'autorité de la chose déjà jugée. Des plaintes avec constitution de partie civile déposées par Serge Klarsfeld et Charles Libman au nom de l'association des Fils et Filles des déportés juifs de France pour crimes contre l'humanité, les 13 septembre et 7 décembre 1989, bientôt appuyées par celles de Joë Nordmann et Alain Lévy, avocats de la Fédération nationale des déportés et internés résistants et patriotes. Comme toujours dans ces dossiers remuant trop

de mauvaises consciences, l'action publique aura été mise en marche par les victimes. Jamais par le parquet, davantage gardien de l'ordre social que celui des consciences. Leguay, Touvier, Bousquet, Papon. C'est une constante. Jamais dans ces dossiers de crimes contre l'humanité, le ministère public n'aura été à l'origine des poursuites pénales. Quand il n'aura pas essayé de mettre des bâtons dans les roues de la recevabilité des plaintes.
Inflexible aiguillon piquant le peu d'entrain français à juger les anciens collaborateurs des nazis, Serge Klarsfeld avait exhumé le compte-rendu allemand d'une réunion préparatoire à la rafle du Vél' d'Hiv' à laquelle avait participé Bousquet, le 2 juillet 1942, et trois télégrammes secrets qu'il avait adressés aux préfets de la zone libre les 18, 20 et 22 août 1942, pour abaisser notamment l'âge des enfants juifs pouvant être arrêtés. Ces télégrammes figuraient bien au dossier de la Haute Cour, sans avoir été toutefois évoqués pendant les trois brèves journées du procès. Sur les 400 pages de notes d'audience, seulement 12 évoquaient d'ailleurs la politique raciale de Vichy. Les éléments relatifs à la réunion au cours de laquelle Bousquet allait imposer, pour une basse question de souveraineté, la police française pour procéder aux rafles des 16 et 17 juillet 1942 étaient, eux, totalement inconnus.
René Bousquet ne pouvait se résumer pour moi à des pièces, des cotes, des comptes-rendus. Même les notes biographiques qui le classaient parmi l'élite de la IIIe République ne suffisaient pas à approcher le personnage. Il me fallait le cerner, tenter de le comprendre et rien ne valait les images pour mieux le débusquer.
René Bousquet, c'est l'homme en manteau de fourrure, souriant en noir et blanc au milieu d'officiers allemands, une cigarette dédaigneuse à la main droite, le 23 janvier 1943 à la mairie de Marseille, pendant qu'est menée la rafle du Vieux-Port qui emporta 1 642 personnes vers les camps. Il fixe l'objectif du photographe avec l'aisance de ceux qui sont

bien nés, sûrs d'une destinée, d'avoir toujours la raison, si besoin d'État, à leurs côtés. Convaincu d'avoir bien servi, refusant la question de savoir s'il avait jamais servi le bien, Bousquet ne s'en départira jamais. Ni devant la Haute Cour de justice en 1949, ni au procès Oberg où il sera appelé à témoigner en 1954, encore moins dans son mémoire en défense adressé au président Moatty à l'été 1993.

Fils de notaire, né à Montauban en 1909, il est chef de cabinet du préfet du Tarn-et-Garonne après de brillantes études de droit, quand il sauve de la noyade des sinistrés lors des grandes inondations qui submergent le Sud-Ouest en mars 1930. René Bousquet a 21 ans. Il devient un héros national. Le président Gaston Doumergue lui remet la Légion d'honneur. Sa carrière couvée par ses amitiés radicales-socialistes, notamment les frères Sarraut, directeurs de *La Dépêche du Midi*, est lancée. À 26 ans, il sera le plus jeune sous-préfet de France, et à 31 le plus jeune préfet. Il intègrera l'équipe de Roger Salengro, alors ministre de l'Intérieur du Front populaire. Préfet de Champagne montrant quelque fermeté face à l'occupant, il est appelé par Pierre Laval quand celui-ci revient au pouvoir, le 16 avril 1942. Du 18 avril 1942 au 31 décembre 1943, il sera son secrétaire général à la police. Il a rang de ministre de l'Intérieur.

René Bousquet, c'est le jeune fonctionnaire propret que l'on voit aux Actualités cinématographiques s'avancer vers Reinhard Heydrich dans les salons du ministère de l'Intérieur, Place Beauvau, pour saluer le bras droit du Reichsführer-SS Heinrich Himmler dans une poignée de main déférente et un sourire marqué. Ce 5 mai 1942, le dignitaire nazi est à Paris pour installer dans ses fonctions de chef de la police allemande en territoires occupés, le général Karl Oberg. Les accords Bousquet-Oberg, qui feront la fierté du premier, offriront une autorité fantasmée à la police française, écartant le Commissariat général aux questions juives et la Milice, dont Bousquet veut réduire la prééminence. Dès lors son secrétaire général, en autonomie surveillée, se doit de donner des gages d'efficacité. Des gages gênants jusqu'aux autorités d'Occupation, quand on leur livrera aussi les enfants. Au total, Bousquet fera arrêter près de 60 000 Juifs. Himmler reconnaîtra en lui « un collaborateur précieux », qui se défendra pourtant devant la Haute Cour d'avoir jamais été antisémite. Juste un bon fonctionnaire garant du bon fonctionnement de son administration. Dans leur livre *Vichy et les Juifs*, les historiens canadien et américain Michaël R. Marrus et Robert O. Paxton écrivent que sans les accords Bousquet-Oberg « jamais les Allemands n'auraient pu déporter autant de Juifs de France qu'ils l'ont fait ».

René Bousquet, c'est cet homme d'âge mûr face à Danielle et François Mitterrand à une table de déjeuner en avril 1974 à Latche. Cette photo en couleur, reflux du passé en clair-obscur du futur président de la République. Entre Francisque embarrassante reçue à Vichy et résistance indiscutable au sein du Mouvement national des prisonniers de guerre et déportés. « Vous croyez que la vie c'est noir et blanc ? Non, c'est gris clair et gris foncé », dira Mitterrand quelques années plus tard, dans des propos rapportés par Edwy Plenel et *Le Monde*, pour assumer son amitié prolongée avec Bousquet reçu à l'Élysée jusqu'en 1986. Bien après les accusations portées depuis son refuge espagnol par Louis Darquier de Pellepoix, ancien commissaire général aux questions juives, sur le rôle de Bousquet dans les rafles du Vél' d'Hiv' lors d'une interview à *L'Express*, le 28 octobre 1978.

Attablé ce jour de printemps dans la bergerie des Landes, en pleine campagne présidentielle contre Giscard d'Estaing, il y a aussi Jean-Paul Martin, ancien directeur de cabinet de Bousquet à Vichy, qui a prévenu Mitterrand qu'il allait être arrêté par la Gestapo. Martin fut aussi le directeur adjoint du cabinet de François Mitterrand, ministre de l'Intérieur puis garde des Sceaux au milieu des années 1950, pendant la guerre d'Algérie. Cela peut forger des liens. Bousquet saura les entretenir. Devenu administrateur de *La Dépêche du Midi* et directeur général adjoint de la Banque d'Indochine, il soutiendra la campagne présidentielle de Mitterrand en 1965 et financera celle de 1974.

Ces relations lesteront l'affaire Bousquet d'un climat de suspicion dilatoire. Entre renvoi devant une Haute Cour de justice qu'il aurait fallu ressusciter d'entre les juridictions de l'épuration ou devant une cour d'assises qui apporterait une réponse plus en phase avec l'époque. Entre parquet général, chambre d'accusation de la cour d'appel de Paris et chambre criminelle de la Cour de cassation se disputant l'orientation. Un climat pesant et marquant aux yeux des parties civiles, de la presse et de l'opinion, la répugnance à juger, à regarder cette période en face.

Parce qu'avec Bousquet, on n'est pas dans la crapule qui atteint à la voyoucratie en rejoignant la Milice et qu'il est facile de honnir. Avec Bousquet, on est dans les hautes sphères publiques, la notabilité, la finance, les réseaux, la politique, le compagnonnage, les services rendus, une élite qui s'autoprotège. Petit chef milicien ou presque ministre, ils ont pourtant les mêmes mots. « J'ai livré sept Juifs mais sans moi il y en aurait eu beaucoup plus », pour Touvier. « J'ai soutenu la politique de persécution raciale comme la corde soutient le pendu. Il s'agissait de tenir tête aux Allemands. Si l'on parle de ma collaboration, c'était la collaboration du paratonnerre et de la foudre », pour Bousquet. « J'étais fonctionnaire, j'exécutais les ordres », se défendra pour sa part Leguay.

Sous-préfet, Jean Leguay était le délégué de Bousquet dans la zone occupée. Il fut le premier Français inculpé pour crimes contre l'humanité, le 12 mars 1979, par Martine Anzani, juge d'instruction à Paris, en raison de son implication dans les rafles du Vélodrome d'Hiver. Il le sera aussi le 29 octobre 1986 dans l'affaire Maurice Papon instruite à Bordeaux et la déportation de 1 690 Juifs opérée par l'ancien secrétaire

général de la préfecture de la Gironde entre le 18 juillet 1942 et le 13 mai 1944. Révoqué le 25 mai 1945, le Conseil d'État le réintégrera comme préfet dix ans plus tard en ces termes: « Le sieur Leguay justifie avoir, par son attitude, dans l'exercice de ses fonctions, contrecarré par tous les moyens en son pouvoir, les entreprises de toutes natures de l'ennemi. »
Après la préfectorale, Leguay fera une belle carrière dans les cosmétiques, notamment aux États-Unis, où il sera le directeur général des parfums Nina Ricci. C'est une plainte, là encore de Serge Klarsfeld, déposée le 15 novembre 1978, qui allait secouer la paisible retraite prise trois ans plus tôt par le sourcilleux collaborateur. Jean Leguay mourra le 2 juillet 1989 dans une clinique du XVe arrondissement de Paris, d'un cancer du foie. Sans avoir été jugé. « De toutes les manières, il n'y avait rien contre mon client dans son dossier judiciaire », lancera à la presse Yves Jaffré, son avocat. Le dossier Leguay m'a été attribué. J'ai rendu l'ordonnance d'extinction de l'action publique mais j'ai tenu à la motiver, ce qui ne se fait jamais, en pointant « sa participation à des crimes contre l'humanité ». Je trouvais que la procédure avait une nouvelle fois traîné considérablement, qu'il y avait eu un manquement de la justice à ne pas poursuivre Leguay dans des délais raisonnables et que son décès réglait l'affaire à bon compte. Je voulais que la gravité des faits commis soit reconnue, que Leguay soit moralement sanctionné. J'ai voulu marquer le coup, dire les choses. Mais en rendant cette ordonnance, je contrevenais au principe du débat contradictoire auquel je suis pourtant fondamentalement attaché, au principe selon lequel toute personne accusée a le droit de se défendre. Leguay mort ne pouvait évidemment contre-argumenter face à ce que je développais. Cette ordonnance, qui n'est pas la meilleure décision que j'ai prise, n'a guère été appréciée à l'époque. Je la rédigerais différemment aujourd'hui.
« Leguay, c'est Bousquet », a vite rebondi Klarsfeld à la mort du premier, concentrant dès lors son action contre son

supérieur. René Bousquet sera à son tour inculpé de crimes contre l'humanité « comme auteur ou complice » par Albert Moatty, le 1er mars 1991, puis le 22 juin 1992 par Annie Léotin à Bordeaux dans l'affaire Papon, dont il était aussi l'autorité hiérarchique. Mais pas plus que pour Leguay, il n'y aura de procès Bousquet. Alors que l'instruction avait été bouclée quelques jours plus tôt, l'ancien chef de la police vichyste est abattu à 84 ans de quatre balles à son domicile de l'avenue Raphaël dans le XVIe arrondissement de Paris, le 8 juin 1993 au matin. À l'interphone, son assassin lui a indiqué qu'il devait lui remettre une citation à comparaître. Des interprétations aux relents complotistes ont avancé qu'on avait voulu faire taire Bousquet, que son meurtrier, investi d'une « mission sur terre », avait été manipulé.

Je crois beaucoup plus simplement que Christian Didier, écrivain frustré de n'avoir jamais été publié, adepte des coups médiatiques pour exister, qui avait déjà tenté de s'introduire en 1987 à la prison Saint-Paul/Saint-Joseph à Lyon, en se faisant passer pour un médecin urologue, pour supprimer Klaus Barbie, présentait un désordre psychiatrique. C'est la conclusion que j'en ai tiré à la lecture des articles qui ont relaté son procès au terme duquel il a été condamné à dix ans de réclusion criminelle, le 13 novembre 1995, la cour d'assises admettant une « responsabilité atténuée ».

La responsabilité de René Bousquet, elle, ne sera de fait jamais abordée ni, à travers elle, celle de l'État français, déjà évincée du procès Touvier. Celui de Maurice Papon, qui s'est tenu du 8 octobre 1997 au 2 avril 1998 devant la cour d'assises de la Gironde, a un peu levé le voile pudique jeté sur ses faux-semblants, ses arrangements, ses renoncements qui ont coûté la vie à tant et tant. L'ancien secrétaire général de la préfecture de Bordeaux, devenu préfet de police de Paris, député, ministre du Budget de Valéry Giscard d'Estaing, fut condamné à dix années de réclusion pour complicité de crimes contre l'humanité. On mesure la gravité du paradoxe moral d'une telle décision prise au nom du peuple français, confrontant tardivement ce destin individuel fuyant au drame collectif indélébile qu'il a percuté.

Le dossier Papon, je l'ai modestement sauvé d'un probable naufrage annoncé : un matin, tôt à mon cabinet comme à mon habitude, le standard me passe un appel du patron de la brasserie des Deux-Palais, juste en face du Palais de justice, lieu habituel de rencontre des magistrats, des avocats, des témoins, vrais ou faux, des justiciables, des journalistes. Éméché, un appariteur chargé de la distribution du courrier avait oublié sur le comptoir une liasse de documents judiciaires. Je me suis empressé de traverser le boulevard du Palais pour les récupérer. Cela concernait les retours d'exécution des commissions rogatoires visant Maurice Papon. Leur disparition aurait porté un peu plus l'opprobre sur une justice accusée de vouloir oublier ces sombres histoires, et cette légèreté en témoignait avec ironie.

Tous ces dossiers, même les inaboutis, telles de vieilles bouteilles oubliées, auront pourtant maturé : le 16 juillet 1995 lors d'une cérémonie à l'emplacement de l'ancien Vélodrome d'Hiver, Jacques Chirac, élu président de la République, vient reconnaître le principe de la responsabilité de la France dans la déportation des Juifs vers l'Allemagne.

Chirac n'avait pas la même histoire ni le même rapport à l'Histoire que son prédécesseur à l'Élysée. Pas le même âge, pas le même parcours, pas le même rapport à la guerre, à Vichy, aux acteurs équivoques de ces temps compromis. Comme avant lui Georges Pompidou, François Mitterrand avait ses raisons de ne pas « raviver les plaies ». Il ne voulait pas que soit menacée la paix civile, ni peut-être aussi la paix de Bousquet. « C'était un homme d'une carrure exceptionnelle. Je l'ai trouvé plutôt sympathique, direct [...] Je le voyais avec plaisir », confiera-t-il en 1994 dans *Une jeunesse française*, le livre de Pierre Péan sur le parcours du Président socialiste pendant la Seconde Guerre mondiale. « C'est un ami : il a rendu des services », justifiera Mitterrand auprès d'un proche qui s'étonnait de cette relation persistant après 1981, rapporte le journaliste Stéphane Denis. Au deuxième jour du procès Bousquet devant la Haute Cour de Justice en 1949, le dernier de l'épuration, c'est François Mitterrand, secrétaire d'État à l'Information et à ce titre porte-parole du gouvernement Queuille qui, au sortir d'un conseil des ministres, présente le premier grand projet d'amnistie en faveur des collaborateurs. Il n'en faut pas plus, mais pas moins, pour alimenter les soupçons d'une justice volontairement ralentie.

« Monsieur le juge, je peux vous poser une question ? » Georges Kiejman a frappé à la porte de mon cabinet dans ces premières heures solitaires que j'affectionnais tant. « Ai-je jamais entravé de quelque manière que ce soit vos instructions ? » me demande l'ex-ministre redevenu avocat. La question, très directe, comme pouvait l'être dans ces plaidoiries ce débatteur à la faconde féroce, me surprend. Je réponds : « Non. » Évidemment. Personne n'est en effet jamais intervenu dans mes dossiers. Alors Georges Kiejman, ancien proche de Pierre Mendès France, homme de prestance, défenseur de Pierre Goldman, des éditions Gallimard, des cinéastes de la Nouvelle Vague, de *Charlie Hebdo*, fond en sanglots. Avant de s'en aller, comme soulagé.

« Un fils de déporté juif, Robert Badinter, était ministre de la Justice quand le chef de la Gestapo de Lyon, Klaus Barbie, a été ramené en France pour y être jugé. Un fils de déporté juif, Georges Kiejman, a été nommé ministre délégué à la Justice pour assurer l'impunité du chef de la police de Vichy », l'avait profondément meurtri Serge Klarsfeld, le traitant de « potiche-alibi » un jour en direct sur un plateau de télévision. Georges Kiejman fut en effet ministre délégué à la Justice du 2 octobre 1990 au 15 mai 1991 dans le gouvernement Rocard. Il reconnaîtra une inscription maladroite dans les pas de Mitterrand à propos de Bousquet, parlant

« d'autres moyens qu'un procès pour dénoncer la lâcheté du régime de Vichy », ou de l'importance « de préserver la paix civile ». Dans toutes ses interviews que j'ai lues ou revues à l'occasion de sa mort en mai 2023, Georges Kiejman reviendra sur ces attaques et la « blessure immense » qu'elles lui ont causées, lui dont le père avait été gazé à Auschwitz en mars 1943.

L'Oréal, l'affaire et l'amitié

C'est dans le même contexte des instructions que j'ai menées sur les crimes commis durant la Seconde Guerre mondiale que naît ce qu'on a appelé « l'affaire L'Oréal ». Celle-ci, bien que portant sur des faits de nature totalement différente, a remis dans la lumière des protagonistes impliqués dans cette sombre période.

L'affaire L'Oréal, c'est aussi l'histoire d'une amitié. Elle s'est nouée dans mon cabinet dès notre première rencontre. Je me souviens très bien de cette première fois. C'était en décembre 1990. Jean Frydman avait déposé plainte contre X pour « faux, usage de faux et discrimination raciale ». Je l'avais convoqué afin qu'il m'explicite ses griefs. C'était un petit bonhomme au regard malicieux, intelligent, très profond, qui semblait savoir parfaitement évaluer les gens auxquels il avait affaire. Par le jeu des questions que je lui ai posées, il a tout de suite compris que j'accrochais à ce qu'il disait, que j'allais investiguer. Que j'allais aller jusqu'au bout, fusse contre le numéro 1 mondial des cosmétiques, L'Oréal. Et Jean Frydman savait ce que c'était d'aller jusqu'au bout.

C'était un personnage tout à fait étonnant. Né dans le quartier de Belleville à Paris en 1925 de parents immigrés russe et ukrainien de confession juive. À 15 ans, il part de chez lui, prend les armes contre l'occupant allemand, se bat dans la Creuse puis à Paris. Il est arrêté durant l'été 1944, après l'assassinat de Philippe Henriot, le chef de la propagande de Vichy, assassinat à l'organisation duquel il a participé. Il est emprisonné à Fresnes, promis au peloton d'exécution, « sauvé » par Aloïs Brunner qui préfère le voir partir dans le dernier convoi pour Buchenwald afin qu'il soit exterminé comme Juif et non fusillé comme résistant. Il réussit à s'échapper du train, rejoint la 1re Armée de De Lattre, finit la guerre au quartier général des forces françaises d'occupation en Allemagne.

À la Libération, il n'est rien, il n'a rien. Il devient un homme de médias, de publicité, de cinéma. Il crée la première télévision privée francophone au Maroc. Il est à l'origine de la naissance d'Europe 1 et de la mythique émission des Yéyés « Salut les Copains ». Il dirige Télé Monte-Carlo, l'agence de pub Régie N° 1, produit les films documentaires *Le Chagrin et la Pitié* de Marcel Ophüls, *De Nuremberg à Nuremberg* de Frédéric Rossif, rachète le catalogue de films de la major américaine RKO quand il pressent le besoin d'images d'un paysage audiovisuel français en pleine éclosion, dont il est pour *Libération* « le jardinier secret ».

Avec Jean Frydman et l'affaire L'Oréal, je bascule dans un monde qui n'est pas le mien jusqu'alors. Mon quotidien, ma clientèle habituelle, ce sont les loulous de banlieue. Pas les financiers des beaux quartiers. Pas les hommes d'affaires internationaux. Je vais m'attacher à cerner ces personnalités qui fonctionnent sur un autre registre. Avec une seule ligne, le droit et le Code de procédure pénale. Une seule arme, l'efficacité discrète des gendarmes de la Section de recherches de Paris.

Ce matin du 28 mars 1991, je n'ai prévenu le parquet de mon intention d'effectuer une perquisition que deux heures avant. Le substitut n'a pas percuté. Il n'a pas cherché à m'accompagner. L'arrivée de douze gendarmes au siège de L'Oréal à Clichy-la-Garenne a un peu bousculé l'ambiance feutrée du lieu. J'arrive quelques minutes après le colonel

Recordon et ses hommes. Dans le grand hall, les jeunes femmes chargées de l'accueil s'affolent au téléphone, courent dans tous les sens. Le patron de la sécurité déboule en roulant les mécaniques. « On n'entre pas ici comme ça, surtout pas en armes », tente-t-il de s'opposer. Recordon lui répond que l'arme fait partie intégrante de son uniforme et que s'il enlève son arme, il enlève aussi son uniforme. Devant une telle perspective, le chef vigile s'incline et aussi sans doute devant ma commission rogatoire. À l'étage du département juridique du groupe, je trouve ce que j'étais venu chercher. Des éléments utiles sont également récupérés dans le même temps au cabinet Clavier, en charge de tous les actes administratifs de L'Oréal. Les autres perquisitions menées simultanément chez François Dalle, ancien PDG du leader des cosmétiques, chez Michel Pietrini, PDG de Paravision, chez Marc Ladreit de Lacharrière, administrateur de L'Oréal, ne donnent rien. Pas plus que celle chez Jacques Corrèze, l'homme à l'origine du malaise. Mais j'ai tout ce qu'il me faut pour instruire une affaire qui devait faire remonter à la surface l'histoire sombre du groupe.

Fils d'un brasseur du Nord, ancien avocat, François Dalle est devenu le PDG de L'Oréal en 1957, à la mort de son fondateur Eugène Schueller. À partir de la petite entreprise de Clichy qui accompagne l'éveil hygiéniste après la Première Guerre mondiale avec Dop et Monsavon, Dalle bâtit un empire de la beauté. C'est André Bettencourt qui lui a ouvert les portes de la maison. Il a épousé la fille Schueller, Liliane. Bettencourt et Dalle se sont connus au foyer que tiennent les Frères maristes 104, rue de Vaugirard à Paris, où ils logent pendant leurs études. Il y a là aussi François Mitterrand. Les liens entre les trois sont indéfectibles, comme le racontera Sébastien Le Fol dans son livre *En bande organisée*. Une estime sincère lie également François Dalle et Jean Frydman. Elle remonte à la création d'Europe n° 1 via un ami commun. Ils jouent régulièrement au golf ensemble. Lors d'une partie, Dalle confie qu'il se verrait bien faire autre chose, qu'il a un peu fait le tour des crèmes, des rouges à lèvres et des shampoings. Jean Frydman apporte son catalogue de films, François Dalle la puissance financière de son groupe. Ils créent en 1988 Paravision International, une société audiovisuelle filiale de L'Oréal, qui a pour vocation de vendre des droits de diffusion aux chaînes de télévision et aux éditeurs vidéo.

Mais parallèlement, L'Oréal est engagé dans une procédure pour éviter que ses produits ne fassent l'objet d'un boycott dans le monde arabe. Or, pour maintenir ce fameux visa commercial aux implications juteuses, le groupe se doit de n'entretenir aucun lien direct ou indirect avec Israël. Et la Ligue arabe menace de l'inscrire sur sa liste noire après le rachat de la société Helena Rubinstein, qui dispose d'une filiale dans l'État hébreu. L'Oréal obtempère et cède la filiale. C'est là que Jacques Corrèze, l'un des principaux responsables de la multinationale des cosmétiques, s'intéresse au cas de Jean Frydman, Français ayant aussi acquis la nationalité israélienne dans les années 1960 et résidant près de Tel-Aviv. Il lui faut le faire disparaître de l'organigramme de Paravision pour ne pas froisser les autorités de Damas.

Mes investigations, les perquisitions ont bien secoué le monde des affaires. En accord avec les avocats, pour éviter la meute des journalistes, j'instruis la nuit. Je convoque à 21 heures, quand il n'y a plus personne au palais. J'inculpe Michel Pietrini, le 22 octobre 1991, pour « faux en écriture de commerce et usage », « discrimination raciale rendant plus difficile l'exercice d'une activité économique quelconque dans des conditions normales ». L'ancien patron de Paravision, devenu PDG de Lanvin, ne m'a pas beaucoup marqué. À la différence de François Dalle que j'inculpe à son tour un mois plus tard. Je réalise une première judiciaire en m'appuyant sur la loi du 7 juin 1977 réprimant ceux qui, pour préserver leurs intérêts, participent à l'isolement économique d'Israël organisé par la Ligue arabe. J'ai retrouvé en perquisition le faux procès-verbal du conseil d'administration en date du 30 mars 1989 qui a « démissionné » Jean Frydman et une lettre de démission non signée.

« Monsieur le juge, vous ne connaissez rien au fonctionnement des entreprises multinationales, me répond François Dalle, devant le fait accompli, sans se départir de sa courtoisie. Il est fréquent qu'un membre soit écarté de la sorte et qu'ensuite on le réintègre quand la situation a changé. »

J'ai acquis la conviction que la démarche, si elle était mal fondée, visait à préserver les affaires de L'Oréal au Moyen-Orient. Elle voulait parer à la double nationalité de Jean Frydman, à sa résidence. Elle n'était pas liée au fait qu'il soit juif. En tout cas pour François Dalle.

« Mais François, tu n'es pas antisémite, je le sais », lui lancera devant moi Jean Frydman lors d'une confrontation. Le passé de Jacques Corrèze laissait planer sur ce point un tout autre voile de suspicion.

Corrèze est mort d'un cancer du pancréas, le 26 juin 1991. J'étais allé l'entendre à son domicile parisien dans le XVe arrondissement juste avant. Il était dans un piteux état, sous respiration assistée. Il ne m'a pas dit grand-chose. Seulement qu'il avait piloté le rachat d'Helena Rubinstein, qu'il veillait à ce que les marchés arabes n'échappent pas à L'Oréal, qu'il avait repéré la présence de Jean Frydman dans le conseil d'administration de Paravision, qu'il avait alerté François Dalle de la difficulté que cela pouvait représenter et qu'il avait mis sur pied son éviction.

« Mon travail était qu'il y ait le moins d'inconvénients possible pour L'Oréal. J'étais payé pour ça », s'était-il retranché. En gros, c'était professionnel. Il n'y avait rien de personnel, rien d'antisémite. Le doute était pourtant persistant pour un Jacques Corrèze, éminent responsable de La Cagoule dans les années 1930, phalange criminelle fasciste, puis de partis collaborationnistes pendant l'Occupation, soupçonné d'avoir expulsé des Juifs de leur logement, dont l'ancien ministre Georges Mandel, enfin engagé dans la Légion des volontaires français pour aller combattre sur le front russe aux côtés de l'Allemagne nazie.

Condamné en 1948 à dix ans de travaux forcés en 1948 pour « intelligence avec l'ennemi », libéré en 1949, Corrèze entre en 1950 chez L'Oréal, qu'il implantera aux États-Unis et dont il deviendra le grand artisan du développement outre-Atlantique. Corrèze avait annoncé dans un communiqué la veille de son décès qu'il démissionnait de la présidence de Cosmair Inc., le bras armé de L'Oréal en Amérique. Histoire de faire barrage aux nuages du scandale qui s'amoncelaient au-dessus de la multinationale.

Parce qu'avec Corrèze, c'est le remugle d'une idéologie chère à Eugène Schueller, son fondateur, qui vient flétrir l'image de l'empire. Les accusations de Jean Frydman, poussé par un fort ressentiment dont il s'était ouvert avec émotion devant moi, conforté par les documents de Serge Klarsfeld, éventaient un parcours nauséeux. Celui d'un Schueller financier occulte du Comité secret d'action révolutionnaire, l'autre nom de La Cagoule, puis du Mouvement social-révolutionnaire, un parti français pronazi, avant de faire de son entreprise un lieu de reconversion pour nombre de gens pensant comme lui. Celui d'André Bettencourt, son gendre, qui tint chronique entre 1940 et 1942 dans *La Terre française*, un hebdomadaire sans équivoque contrôlé par *La Propagandastaffel*, sénateur, ancien ministre de Mendès France, qui fut forcé à quitter discrètement la présidence de la holding contrôlant L'Oréal, le 13 décembre 1994, alors que les États-Unis s'interrogeaient sur un possible boycott des produits du groupe.

Pour moi, l'affaire L'Oréal s'était arrêtée deux ans plus tôt, le 4 décembre 1992. François Dalle avait fait amende honorable. « Nos litiges ont pour origine une dramatique méprise sur les circonstances dans lesquelles vous avez été amené à quitter la société Paravision, avait-il écrit dans une lettre dont des extraits avaient fuité dans *Le Monde*. Je comprends que cette méprise vous ait cruellement blessé et j'éprouve un sincère regret de cette situation, mais vous avez reconnu qu'à aucun moment je n'ai pu participer à une action qui aurait été animée par des sentiments d'une discrimination qui m'a toujours fait horreur. »

Jean Frydman avait retiré sa plainte. Un arrangement moral et financier avait été trouvé, j'imagine, entre les deux parties. Estimant que le plaignant ne se considérait dès lors plus comme discriminé, le parquet requit un non-lieu que je suivais avec d'autant plus de bonne volonté que c'était moi qui lui avais fortement suggéré. Le contexte de l'affaire était pour le moins singulier. Je me suis forcé cependant à distinguer le passé trouble de L'Oréal de la personnalité présente des dirigeants impliqués dans le dossier.

J'ai attendu d'être à la retraite, que tous les recours soient purgés, pour accepter l'invitation de Jean Frydman et de son épouse Daniela à me rendre chez eux à Savyon, près de Tel-Aviv. C'était au début de l'année 2014. Depuis que l'affaire était close, nous nous voyions lors de ses passages à Paris. Nous déjeunions ensemble, nous parlions de la vie en France, de son immense ranch dans l'Alberta où il élevait des vaches salers et où la famille était tenue de se revêtir de tricolore chaque 14-Juillet, de ses investissements dans le pétrole lourd au Canada, dans les satellites de communication en Israël. Israël où il était arrivé en 1962, invité par son fondateur, David Ben Gourion, pour mettre sur pied une radio commerciale. Israël, dont il prendra la citoyenneté, fera sa deuxième patrie, s'investissant sans relâche pour la paix avec les Palestiniens et le monde arabe. Il sera le conseiller des Premiers ministres Shimon Peres, Ehud Barak et Yitzhak Rabin. Ce dernier sera assassiné par un ultranationaliste israélien lors d'une manifestation en soutien aux accords de paix d'Oslo, que Jean avait organisée, le 4 novembre 1995 à

Tel-Aviv. C'est lui qui avait forcé la main à Rabin, réticent à s'y rendre. Une tragédie nationale, une tragédie personnelle. La vie de Jean Frydman est un roman. Entre heurts, bonheurs et malheurs. Ses amis Joseph Kessel et Romain Gary auraient voulu l'écrire. Jean a refusé jusqu'à céder à l'un de ses autres amis, Élie Barnavi, historien et ancien ambassadeur d'Israël en France, qu'il nous a présenté à mon épouse et à moi lors de notre séjour à Savyon, entre deux excursions à Bethléem ou à Nazareth.

Aux murs de la maison de Daniela et Jean, il y avait la famille en photo avec Gilbert Bécaud, Johnny, Patrick Bruel, Yves Montand qui chante une berceuse à l'un des enfants. Dans le jardin, l'impact d'un Scud irakien tombé pendant la guerre du Golfe. Toujours l'histoire, les amis, comme jalons d'une vie.

Un destin exceptionnel, qui s'est éteint le 14 mars 2021. Jean avait 95 ans. Il était toujours allé jusqu'au bout de tout. Ses obsèques ont été célébrées à Tel-Aviv. En plein Covid. Nous n'avons pas pu nous y rendre. Daniela a organisé une petite cérémonie par la suite à leur domicile de Neuilly. Nous sommes restés très proches. J'ai beaucoup d'admiration pour elle, sans qui Jean n'aurait certainement pas eu le même parcours de vie. Elle n'a eu de cesse de me dire combien cette plainte avait marqué Jean, combien cette affaire ayant entraîné notamment le retrait d'André Bettencourt pour ce qu'il qualifiait d'« erreur de jeunesse » leur avait valu d'inimitiés.

Avec le recul, je m'aperçois du caractère assez exceptionnel des dossiers dans lesquels j'ai baigné, de leurs protagonistes entrecroisés, de leurs destins mêlés, Touvier et les sept victimes juives de Rillieux, Henriot, Jean Frydman et Brunner, Serge Klarsfeld, Corrèze… J'en suis sorti imprégné du danger que peuvent porter les idéologies qui nient l'humanité.

LA JUSTICE CONTRE LA BARBARIE

« La méconnaissance et le mépris des droits de l'Homme ont conduit à des actes de barbarie qui révoltent la conscience de l'humanité… »

René Cassin

Aux origines du Tribunal pénal international

« Vas-y, sinon tu vas le regretter et tu vas me casser les pieds. » L'assentiment de mon épouse, et je lui en suis infiniment reconnaissant, valait visa au bas de la fiche de poste que l'on aurait dite rédigée pour moi. Les 1 850 affaires que j'avais instruites au cours des dix-sept années précédentes n'avaient pas toutes l'intérêt des dossiers Touvier, Leguay, Bousquet… L'ordinaire des braqueurs, des dealers, des violeurs ne me passionnait plus guère. Le tout-venant me paraissait insignifiant. J'éprouvais une sensation de vide. La note de la Chancellerie sollicitant une déclaration de candidature pour un poste au Tribunal pénal pour l'ex-Yougoslavie et le Rwanda était comme une perche que l'on me tendait. Et puis La Haye n'était qu'à deux heures de Paris.

En plein éclatement sanglant de l'ex-Yougoslavie sur laquelle le couvercle posé par Tito n'empêchait plus l'ébullition ethnique, le Conseil de sécurité des Nations unies créait un Tribunal pénal international (TPI) pour enquêter sur les exactions commises par les Serbes ultranationalistes orthodoxes contre les populations bosniaques musulmanes et poursuivre leurs auteurs. Le garde des Sceaux cherchait à y envoyer un magistrat français avec au moins dix ans d'expérience pénale et une connaissance de la notion juridique des crimes contre l'humanité. Au Palais de justice de Paris, ils n'étaient pas cinquante à avoir le profil.

J'ai rejoint le TPIY fin 1994. L'ENM m'avait offert un mois de remise à niveau bienvenue en anglais chez Berlitz. Je ne connaissais ni les Pays-Bas ni La Haye, ville essentiellement administrative, un peu triste, qui présentait heureusement l'intérêt de border la mer du Nord et de m'offrir ainsi un lieu de promenade à l'heure du déjeuner sur la digue surplombant la plage de Scheveningen.

J'avais été nommé adjoint du procureur Goldstone, chargé de coordonner les investigations. Richard Goldstone était un ex-juge de la Cour constitutionnelle sud-africaine. C'était un magistrat reconnu. À la tête de la Commission d'enquête sur la prévention de la violence publique et de l'intimidation, il avait joué un rôle important dans la fin de l'apartheid qui minait son pays. Il m'a accueilli très chaleureusement. Nous avons tout de suite eu un bon contact. J'étais le seul Français de son équipe. Il comptait sur mon regard différent, imprégné de droit romain, *statute and civil law*, pour faire contrepoint à la culture juridique anglo-saxonne, *common law*, qui régnait au sein de la juridiction. Il m'a immédiatement fait confiance pour composer les équipes d'enquêteurs, superviser leur travail sur le terrain, préparer les actes d'accusation à soumettre aux juges du TPIY, engager les poursuites.

Goldstone a été beaucoup critiqué. Il était souvent absent, peu joignable. Son adjoint australien, Graham Blewitt, faisait certes au mieux mais sans avoir la même autorité, la même vision sur la place et le rôle du Tribunal.

Le bombardement du marché de Markale, le 5 février 1994, par l'armée de la République serbe de Bosnie qui assiégeait Sarajevo depuis les collines ceinturant la ville, avait conforté l'ONU dans la création dix mois plus tôt d'une juridiction internationale, la première depuis les tribunaux militaires de Nuremberg et Tokyo. Le bilan, 68 morts et 144 blessés civils, avait suscité une très forte émotion internationale. Mais l'annonce, applaudie partout, ne fut pas suivie d'effets. Aussi les débuts du TPIY furent-ils délicats.

Pour enquêter, il fallait des moyens, des fonds, du personnel. Si Goldstone était peu présent, c'est qu'il se déplaçait énormément. Il a quasiment fait le tour du monde pour courageusement trouver des bailleurs, sensibiliser les chefs d'État, imposer le Tribunal. Pour cela notamment, j'ai toujours été à ses côtés. Pour son opposition résolue, aussi, aux diplomates, y compris onusiens, qui n'étaient pas mécontents de nous voir freinés dans la diligence de poursuites ou la délivrance de mandats d'arrêt, par nos débuts impécunieux. « Il ne faut pas que la justice entrave le processus de paix en cours », martelaient-ils. Goldstone ne leur a pas concédé une once d'*imperium*. Nous avions une mission et nous allions la remplir. C'était à la diplomatie, à la politique de s'adapter à la justice et non l'inverse. Cela a été l'une des forces de Goldstone. Enlisé depuis des années, le fameux processus de paix, dans l'ombre duquel se perpétraient les atrocités, s'est accéléré justement avec nos premiers actes d'accusation pour aboutir aux accords de Dayton, signés à Paris, le 14 décembre 1995. J'ose croire qu'il y a un rapport immédiat, direct avec cette volonté affirmée de poursuivre l'œuvre de justice.

Le Règlement de preuves et de procédure, c'est-à-dire le Code pénal et le Code de procédure pénale du TPIY, était d'inspiration anglo-saxonne, de type accusatoire (où les services du procureur et les avocats instruisent à charge, le juge étant moins actif dans la recherche de la vérité). Parmi les juges du tribunal, qu'il présida d'ailleurs à partir de 1999, Claude Jorda, ancien procureur général près la cour d'appel de Paris, avait contribué à la rédaction de ce règlement, faisant le forcing pour y introduire quelques notions juridiques de droit français, notamment la mise en état par le juge. L'idée était de ne pas tout laisser à l'initiative des avocats et se retrouver avec des conclusions de 400 pages qui noieraient tout le monde et bloqueraient le cours d'un procès. Il a fait en sorte d'introduire, en ce qui concerne l'activité des enquêteurs, un peu de procédure inquisitoriale (donc

de pouvoir d'instruction dans les mains du juge), qui est la caractéristique de notre procédure française.
Plus globalement, la France a manqué une belle occasion avec le TPIY et la justice pénale internationale. Un loupé magistral sur le plan des principes, du rayonnement, de l'influence du droit français. À l'origine, la France avait proposé un statut pour le TPIY, lequel était fortement marqué des principes procéduraux du système inquisitorial. Robert Badinter avait participé à sa rédaction. Mais pour une raison que je ne m'explique pas, nos représentants ne l'ont jamais défendu devant l'ONU et c'est le système anglo-saxon qui a été adopté avec ses avancées à petits pas, laborieuses, qui égrènent le temps et voient les accusés mourir avant d'avoir été jugés, quand en France on a été capable d'instruire des crimes contre l'humanité en des temps ramassés. J'en ai parlé avec Badinter en marge d'un colloque à l'Assemblée nationale sur la justice pénale internationale auquel nous participions. C'était au moment où se posait la question du remplacement du magistrat italien Antonio Cassese à la présidence du TPIY. Badinter avait été l'un des premiers promoteurs de la création de cette juridiction qui devait ne « jamais laisser en paix le génocidaire », selon sa formule. Je lui ai dit : « Présentez-vous ! » Il n'a pas accroché.

Lors de mon arrivée, nous étions une quinzaine au bureau du procureur. Néo-Zélandais, Australien, Anglais, Belge, Espagnol, Américains… Nous avions tous le sentiment d'être des pionniers, d'accomplir quelque chose d'important. Nous partions de rien. Certains ne savaient même pas où se situait la Bosnie-Herzégovine, mais nous avions chevillé au corps la volonté de réussir. Et nous avons vraiment tout fait pour y parvenir.
Notre première tâche a été d'interpréter ce Règlement de preuves et de procédure, et d'adapter en conséquence les instructions données aux équipes d'enquêteurs. Il fallait que tous les actes soient juridiquement solides, irréprochables.

J'ai aimé ce travail de coordination des investigations. Un travail en équipe qui m'éloignait de ma solitude de juge d'instruction. Le modèle anglo-saxon avait en cela du bon. Nous avions des enquêteurs sur le terrain qui retrouvaient et entendaient les témoins, entendaient les victimes, identifiaient les corps dans les charniers, recueillaient des éléments de preuve. Des chefs d'équipes qui avaient tous eu des responsabilités dans des services de police importants et savaient orienter les recherches, des interprètes, des analystes qui soupesaient, affinaient ce qui nous parvenait comme informations afin de savoir si cela était suffisant pour caractériser un génocide, un crime contre l'humanité, un crime de guerre ; s'il était possible de l'imputer à tel responsable militaire ou politique. Nous pouvions, à partir de ces éléments vérifiés, de ces faits établis, rédiger les actes d'accusation. Il fallait pouvoir saisir, ensuite, les juges du TPIY sur la base de dossiers solides, prouver à l'ONU, à la communauté internationale, auprès de laquelle Goldstone sollicitait inlassablement des moyens, que cela fonctionnait.

Les Américains n'ont pas mis un dollar dans cette juridiction mais ils nous ont détaché du personnel de très haut niveau. Dès qu'un problème technique ou scientifique surgissait, ils avaient l'expert correspondant pour apporter la solution. Une manière de soutenir ce tribunal tout en le noyautant.

Tous les matins, lors du briefing, un certain Bill nous disait ce qui s'était passé les heures précédentes en ex-Yougoslavie et nous annonçait ce qui allait arriver. Il savait tout avant tout le monde. C'était étonnant. Personne ne m'avait présenté Bill, mais je compris rapidement qu'il était de la CIA. Nous travaillions aussi beaucoup à partir des images satellites que pouvait nous fournir le Pentagone, pour scruter des endroits tenus par les Serbes qui en interdisaient l'accès aux troupes de l'ONU. Nous étions en la matière dépendants du bon vouloir des Américains mais ils jouaient le jeu. Sur le bombardement d'un village, ils étaient capables de nous montrer que seules les maisons aux toits à quatre pans des Bosniaques avaient été prises pour cibles pendant que celles à deux pans des Serbes avaient été épargnées, de nous dire si les habitations avaient été détruites par une explosion au sol rapprochée ou un tir de mortier éloigné, de pointer ainsi une unité d'infanterie ou plutôt d'artillerie. Leur contribution était essentielle, d'autant que le conflit armé se prolongeait et qu'il était difficile de nous rendre dans certains endroits.

Le premier criminel serbe à être tombé entre nos mains fut Duško Tadić. Il avait été arrêté à Munich le 12 février 1994 et nous avait été livré par les Allemands. Le hasard lui avait fait croiser des victimes. Ancien patron de café, policier réserviste, il avait participé aux exactions menées contre les musulmans pour les expulser de la Bosnie que les fanatiques serbes voulaient « ethniquement pures ». Viols, tortures, assassinats, nous avons concentré tout ce que contenait le Règlement de preuves et de procédure contre celui qui était surnommé « le boucher d'Omarska », du nom de l'un des trois camps de concentration avec Keraterm et Trnopolje, où il avait sévi de mai à décembre 1992. Condamné à vingt ans d'emprisonnement en première instance par le TPIY pour crimes contre l'humanité, traitements inhumains et violations des lois et coutumes de la guerre, il avait vu en appel sa peine aggravée à vingt-cinq ans. Mais s'il a permis de roder nos procédures, Tadić n'était qu'un lampiste.

Et notre politique pénale n'était pas la bonne. Nous nous étions fourvoyés. L'erreur de départ a été de dire : « Partons des crimes commis, recherchons les exécutants et remontons aux hauts responsables », lesquels étaient bien les vrais objectifs fixés par le statut de la juridiction. Ce n'était pas stupide mais complètement utopique, et si nous avions poursuivi dans cette voie nous serions toujours au pied de la pyramide des responsabilités. Notre mission était d'impliquer Radovan Karadžić, le président de la République serbe autoproclamée de Bosnie, et son chef militaire, le général Ratko Mladić. Un soir avec d'autres membres du bureau du procureur, nous sommes allés trouver Richard Goldstone pour lui dire que l'on ne pouvait pas continuer comme ça, que cela prendrait des années de partir des éléments de base pour atteindre ceux qui avaient planifié les crimes, qu'il fallait prendre le problème à l'envers, poursuivre Karadžić, poursuivre Mladić et voir les crimes que l'on pouvait leur imputer. Goldstone a eu l'intelligence de comprendre la nécessité de changer de perspective pour être plus efficace.

Ce sont des appels téléphoniques de journalistes sur le terrain qui nous ont alertés. « Il se passe des choses abominables, des massacres. Il faut absolument que vous interveniez. C'est urgent. » Des milliers de Bosniaques fuyant les attaques menées par les Serbes contre leurs villages avaient trouvé un refuge très précaire dans la petite ville musulmane de Srebrenica, en Bosnie orientale. Une ancienne station thermale, assiégée, bombardée avant que le Conseil de sécurité de l'ONU ne prenne la résolution 819 qui en avait fait une zone de sécurité en avril 1993. Cela signifiait arrêt des combats, démilitarisation de l'enclave, établissement d'un couloir humanitaire vers Tuzla et déploiement de Casques bleus.

Le bataillon néerlandais de la Force de protection des Nations Unies (Forpronu), le Dutchbat, n'était fort que de 200 hommes, le 11 juillet 1995, quand les chars de Mladić ont donné l'assaut. Il n'y eut pas de recours à l'aviation de l'Otan. « Nous avons eu tort de déclarer souvent et publiquement notre refus des frappes contre les Serbes et d'accepter les bombardements quotidiens des zones de sécurité par les forces serbes », reconnaîtra quelques mois plus tard le secrétaire général de l'ONU, Kofi Annan. Le corps de la Drina de l'armée de la Republika Srpska pouvait appliquer la directive n° 7 de Radovan Karadžić : « Par des actions de combat planifiées et bien conçues, créez une situation d'insécurité totale ne laissant aucun espoir de survie ou de vie future aux habitants de Srebrenica. » 30 000 femmes, enfants et personnes âgées furent déplacés de force hors de l'enclave. 8 000 hommes et adolescents furent massacrés. Le plus important génocide perpétré en Europe depuis les exterminations nazies.

Goldstone m'a demandé de préparer une équipe pour qu'elle se rende rapidement sur place, afin d'avoir confirmation de ce qui s'était passé et procéder aux premières investigations. Même si les conditions de sécurité n'étaient pas du tout garanties, y compris par des soldats de la Forpronu dépassés par les événements.

Commissaire de police et chef du groupe de répression du banditisme à la police judiciaire de Nice, Jean-René Ruez avait candidaté début 1995 pour rejoindre le TPIY. Je l'ai convoqué. J'ai tout de suite vu que c'était quelqu'un sur qui on pouvait compter. J'en ai fait le responsable de la commission d'enquête de la juridiction. C'est lui qui a reconstitué les faits perpétrés à Srebrenica, jour par jour, heure par heure. Son enquête a commencé le 20 juillet à Tuzla en recueillant, triant le témoignage des déportés, des rescapés. Une enquête de flagrance quelques jours après la commission des massacres. Et puis il est allé sur place avec son équipe au mépris des pressions exercées par les Serbes, au risque de se retrouver dans la lunette d'un sniper, de poser le pied sur une mine. Bratunac, Sandići, le terrain de football de Nova Kasaba, le hangar de Kravica, les bords de la rivière Jadar là où les exécutions sommaires, sporadiques, avaient commencé dès le 12 juillet, « à coups de batte, de hache ou par égorgement », rapportera-t-il. Le long de la route qui relie Konjević Polje à Sandići aussi. Les registres découverts en perquisition qui relatent le transfert des prisonniers dans la nuit du 13 au 14 juillet vers le nord et la zone de Zvornik où des sites potentiels de détention, des écoles pour la plupart à Grbavci, Petkovci, Roćević, Pilica, et d'enfouissement des corps avaient été repérés. Les fosses dites « primaires » où

l'on n'a laissé que quelques dizaines de corps pour masquer l'ampleur du carnage, les fosses « secondaires » où a été ensevelie, dans des endroits plus reculés, la réalité du nettoyage humain. Les vingt-six charniers à fouiller, le travail de l'équipe d'exhumation et des archéologues, l'analyse des objets trouvés, les étuis des fusils d'assaut utilisés, les bandeaux pour les yeux, les fils d'acier souple qui nouaient les mains dans le dos et parfois les pieds, les morceaux de verre brisés, les résidus humains sur les murs des lieux d'exécution, les impacts de balles, d'explosifs, les interceptions des liaisons radio qui aident à l'identification des unités impliquées, l'imagerie aérienne fournie par les avions U2 américains.
Jean-René Ruez était hanté par Srebrenica. Il a raconté inlassablement, à chaque comparution d'un accusé, le déroulement des événements, les photos, les cartes, trois jours durant lors du procès du général Radislav Krstić, commandant du corps d'armée de la Drina.
Je me souviens de la longue nuit où il m'a refait, longtemps après, le déroulement des événements et la bouteille de cognac hors d'âge que cela m'a coûté. Enquêteur hors pair, Jean-René Ruez a effectué jusqu'en 2001 un travail exceptionnel sur Srebrenica qui a permis d'incriminer outre Krstić, Mladić et Karadžić, de nombreux autres responsables militaires. Il a été happé par cette tragédie, toute cette charge émotionnelle, ce qu'il a vu, ce qu'il a vécu, ce qu'il a connu. Lorsque je l'ai recruté, je n'ai pas su évaluer cette sensibilité à fleur de peau, cette fragilité, . Je m'en suis voulu. Il a dû tout arrêter pendant deux ans. Il a terminé sa carrière comme directeur de la Police aux frontières à Chambéry. Il est désormais à la retraite. Nous sommes toujours restés en contact. C'est un vrai ami.

Radislav Krstić a été condamné en appel, le 20 avril 2004, à trente-cinq années d'emprisonnement pour complicité de génocide, crimes contre l'humanité et violations des lois ou coutumes de la guerre. Ratko Mladić a vu sa condamnation à la prison à perpétuité pour génocide, crimes contre l'humanité et violations des lois ou coutumes de la guerre confirmée le 8 juin 2021. Jugé responsable de persécutions, meurtres, viols, traitements inhumains ou transferts forcés, notamment lors du siège de Sarajevo et des massacres dans l'enclave de Srebrenica, Radovan Karadžić avait écopé de quarante ans de détention en 2016 pour génocide, crimes contre l'humanité et violations des lois ou coutumes de la guerre. Une peine de prison portée à la perpétuité en appel, le 20 mars 2019.

J'ai supervisé les enquêtes mais je ne suis pas allé à Srebrenica. Richard Goldstone m'a demandé de partir à Kigali où le TPI pour le Rwanda connaissait des débuts encore plus calamiteux. L'éloignement d'un Occident, que la guerre en ex-Yougoslavie accaparait sans doute plus intensément avec ses images d'exode, de visages hébétés, de corps entassés faisant remonter des traumatismes qu'il croyait enfouis depuis 1945. Une vision simpliste de l'Afrique, une méconnaissance de ses vibrations, une ignorance des particularismes locaux, des ethnies hutue, tutsie, twa, l'appréhension caricaturale des massacres perpétrés. Le désintérêt pour tout dire était manifeste.

Un policier anglais, qui avait dirigé sur place une mission d'enquête préalable, était rentré à La Haye en disant : « Il n'y a pas de preuves, tout est détruit, les témoins ne sont pas fiables, ils mentent, ils racontent n'importe quoi. On ne s'en sortira jamais. »

« Le Rwanda est un pays de droit français, francophone. Vous êtes peut-être plus en mesure d'évaluer comment cela peut fonctionner là-bas, comment on peut lancer réellement les opérations », m'a dit Goldstone, chez qui je ressentis aussi comme une aversion pour ce théâtre d'investigations.

Kigali était loin de La Haye, loin de son confort de travail. On avait l'impression d'un deux-poids-deux-mesures. L'ambiance était rustique, à l'hôtel où je résidais, comme dans l'ancienne antenne de l'Unicef délabrée qui abritait le TPIR. Je me souviens de ce courant d'air qui avait fait claquer la porte du bureau du procureur adjoint malgache, Honoré Rakotomanana, qui a dû user de son coupe-papier pour traficoter la serrure et se libérer.

L'ambiance était lourde un an après le génocide, tendue à l'égard des Français dont les soldats, engagés dans l'opération Turquoise pour faire cesser les tueries, étaient accusés d'avoir facilité la fuite des génocidaires hutus vers le Zaïre.

La Haye était loin de Srebrenica, encore plus loin de Kigali. Mais je retrouvai là la même négation absolue de l'autre, les mêmes mots qui conditionnent, qui préparent les esprits, qui annoncent l'extermination. Les mêmes mots que prononcent un Führer obsédé d'aryanité devant des bras levés, un leader nationaliste pour réécrire l'histoire de la Grande Serbie, un animateur de Radio Mille Collines excitant « les descendants des cultivateurs à se réveiller » contre « les éleveurs venus d'Éthiopie », contre les « cafards ». Des mots qui attendent un point de bascule, une Nuit de Cristal, une commémoration de la bataille de Kosovo Polje pour désigner à l'extermination son voisin parce qu'il est juif, bombarder la maison d'en face parce qu'elle est habitée par des musulmans, larder de coups de machette des membres de sa propre famille parce qu'ils sont tutsis.

Au Rwanda, le point de bascule aura été le tir d'un missile abattant le Falcon 50 qui allait atterrir à Kigali avec à son bord Juvénal Habyarimana, le président hutu du pays, et Cyprien Ntaryamira, président lui aussi hutu, du Burundi voisin, le 6 avril 1994. 800 000 personnes seront assassinées en trois mois, du lendemain de l'attentat au 17 juillet. Des Tutsis principalement, des Hutus modérés, considérés comme des traîtres, également.

J'ai hésité à prendre la photo. Par respect pour les victimes. Mais j'avais aussi besoin d'éléments factuels. Des ossements, des crânes, des vêtements jonchaient le sol de l'église de Ntarama sur 20 à 30 centimètres d'épaisseur encore un an après l'horreur. Le village situé à quelque 25 kilomètres au sud de Kigali est devenu un mémorial du génocide rwandais. 5 000 Tutsis y ont été exterminés, particulièrement autour de l'église, pourtant considérée comme un lieu sûr. Frappés par l'acier d'une lame, d'une rafale, d'une grenade.

J'ai fait un rapport à Goldstone, formulé des recommandations sur les moyens à mettre en place, les besoins en personnels qualifiés. En retour, j'ai vu débarquer vingt à trente enquêteurs néerlandais qu'il avait recrutés en urgence. Des individus de 1,90 mètre, 110 kilos, aux yeux clairs, aux cheveux blonds. Un physique qui effrayait les habitants. Quand ces « Martiens » se rendaient dans les collines, tout le monde s'enfuyait vers la forêt, dans les champs. Ils n'entendaient rien au sujet, aux mœurs, aux usages, à ces mentalités villageoises, paysannes, qu'il fallait comprendre, respecter. Il ne suffisait pas de dire : « Venez ici, racontez-moi. » Il y avait toute une préparation à faire, une mise en confiance. Nous étions seulement douze mois après ces tragiques événements. La population était toujours sous le choc.

Évidemment. Il y avait aussi toutes les précautions à prendre dans le recueil des témoignages qui pouvaient être orientés par des comptes à régler, dans l'utilisation des interprètes, forcément des Tutsis rescapés, et l'objectivité de leurs traductions. Leur collecte d'informations fut maigre. D'autres équipes sont arrivées par la suite, mieux formées, avec une méthodologie claire, précise, adaptée.

Goldstone a sollicité des experts pour savoir comment tout cela avait pu arriver dans de telles dimensions. Comment les tueries de masse s'étaient-elles déclenchées, enchaînées ? Est-ce que le génocide avait été préparé, planifié ? Ce dernier point était le grand débat. Avec des convictions toujours très figées, des clivages très durs, presque incandescents, entre les tenants de la planification et les autres. André Guichaoua,

professeur émérite à l'université Paris 1 Panthéon-Sorbonne et l'un des meilleurs spécialistes de la région des Grands Lacs, pour qui j'ai une profonde amitié, s'est toujours refusé à entériner la thèse intentionnaliste « qui voudrait que le génocide ait été préparé depuis 1990 au début de la guerre civile enclenchée par la révolte du Front patriotique rwandais, voire depuis la proclamation de la République hutu » en 1959, comme il l'écrira dans une tribune publiée par *Le Monde*. Comme le considérera également le TPIR. Pour Guichaoua, « le génocide est l'aboutissement d'une stratégie politique, mise en œuvre à partir du 7 avril par des groupes politico-militaires extrémistes hutus, ceux qui avaient le plus à perdre s'ils ne s'imposaient pas et qui ont estimé qu'après l'attentat et la reprise inéluctable de la guerre le moment était venu de résoudre par les armes le conflit avec le FPR et d'en finir avec les forces politiques qui le soutenaient à l'intérieur ».
À l'inverse, Jean-Pierre Chrétien, historien, lui aussi fin connaisseur de la région, directeur de recherche en histoire de l'Afrique au CNRS jusqu'à sa retraite en 2003, défend, tout comme Dafroza et Alain Gauthier qui traquent, à la manière des Klarsfeld, les génocidaires ayant fui vers la France et l'Europe, l'idée d'une préméditation. Sans parler du chercheur belge, Filip Reyntjens, lequel invoque, lui, un double génocide Tutsis-Hutus. Le tout sur fond de polémique sur l'ethnicisme ou l'empreinte colonialiste et d'accusations de négationnisme.
Bien sûr, il y avait des crimes, des auteurs connus. L'objectif était de faire le lien entre les uns et les autres. Comme dans toute enquête. Imputer, recouper, accuser. Mais là, la politique pénale allait forcément être différente de ce que nous avions lancé en ex-Yougoslavie, en termes de nombre de victimes, d'exécutants, de lieux. La définition même de ceux qui avaient été les architectes du génocide posait problème. Est-ce que le rang, le niveau hiérarchique suffisait à

les caractériser ? Fallait-il être chef du gouvernement intérimaire comme le colonel Théoneste Bagosora, « l'homme de l'apocalypse », le « Himmler du Rwanda », organisateur du génocide et de l'attentat contre l'avion du président Habyarimana ? Fallait-il être préfet comme Laurent Bucyibaruta, ou même bourgmestre comme Jean-Paul Akayesu ? Mais que faisait-on de cet enseignant, de ce paysan qui avaient participé aux premières exactions à l'église de Gikondo ? Fallait-il avoir un lien direct avec les atrocités ? Mais alors devait-on poursuivre Claude Muhayimana, ce chauffeur qui avait acheminé les miliciens Interahamwe dans la région de Kibuye ? Et quid de Félicien Kabuga, le président de Radio Mille Collines et le pourvoyeur des machettes, considéré comme le grand argentier du génocide ?

Atteindre nos objectifs supposait aussi une méthode, laquelle devait reposer d'abord sur une parfaite cohérence, une très grande proximité entre le procureur et les enquêteurs. Cela n'a pas tout de suite été le cas au Rwanda, comme nous l'avons vu, avec l'intempestive irruption des colosses bataves. Il était difficile aussi de s'appuyer sur les locaux, pour des raisons d'impartialité. Toute l'organisation policière, judiciaire avait été soit impliquée, soit décimée. Heureusement, j'ai été beaucoup aidé par François-Xavier Nsanzuwera, l'ancien procureur de Kigali. Un survivant. Toute sa famille a été massacrée. Il m'apportera beaucoup dans la compréhension de la problématique rwandaise. Entre 2003 et 2015, il a été avocat général au bureau du procureur du TPIR. Je le retrouverai à la Fédération internationale des droits de l'homme, dont il fut le secrétaire général. Nous avons accompli pour la FIDH plusieurs missions en Afrique ensemble, notamment au Sénégal. Nous avons noué des liens de sympathie. Il a beaucoup écrit sur le Rwanda, sur ce qu'il a vécu. Je pense que ses livres l'ont aidé à surmonter les événements. Il s'est marié, il a eu un petit garçon. Il vit aujourd'hui en Belgique. J'espère reconstruit.

Je pense que la justice internationale souffre de ne pas disposer d'une police qui lui soit propre. Si Interpol, bien sûr, peut pallier en partie cette carence, devoir compter sur la bonne ou mauvaise volonté des États dans l'exécution des commissions rogatoires, des arrestations, ne pas pouvoir mettre directement en action les opérations de police, constituent un vrai handicap. C'est un frein à l'efficacité de la juridiction, une entrave à son indépendance.
Au Rwanda, les relations se sont vraiment compliquées quand Carla Del Ponte, devenue la procureure du TPIR en 1999 après Richard Goldstone et Louise Arbour, a décidé de lancer des « enquêtes spéciales » sur les exactions qui auraient été commises par le Front patriotique rwandais du Tutsi Paul Kagame quand il a marché sur Kigali depuis l'Ouganda où il était replié, pour faire cesser le génocide. Lors de cette arrivée, 30 000 Hutus auraient été massacrés. Le nouvel homme fort du Rwanda ne l'a pas accepté. Pour Kagame, qui préside aux destinées du pays depuis 2000, il n'y a eu qu'un seul génocide : celui perpétré par les Hutus sur les Tutsis. Toute coopération avec le TPIR a été rompue, toutes les investigations ont été bloquées par la mise en place de magistrats et de policiers à la botte du FPR et de Kagame. Pour défier les Belges et les Français accusés d'avoir une responsabilité dans les événements, il a imposé l'anglais, une législation d'inspiration anglo-saxonne. Pendant deux années, le TPIR a été ainsi condamné à l'inactivité. On dit que c'est pour adoucir les relations que Carla Del Ponte n'a pas été reconduite dans ses fonctions.

Je suis allé cinq fois au Rwanda. Pour le TPI mais aussi pour Juristes sans frontières, une association basée à Perpignan, avec Michel Laval, avocat au barreau de Paris et écrivain, auteur notamment d'ouvrages sur Bergson, Koestler, Péguy, Brasillach. Nous étions venus à Kigali pour former la première promotion de procureurs post-génocide en 1996.

Nous sommes restés une quinzaine de jours, donnant à une petite promotion d'une dizaine de magistrats des cours de droit commun, de procédure pénale, avec une extension bien sûr, comment pouvait-il en être autrement, sur les questions de génocide, de crimes contre l'humanité, de crimes de guerre.

Je me suis rendu dans les prisons, ce que je fais toujours quand j'arrive quelque part en mission. La façon dont sont détenus les gens en dit beaucoup sur l'état d'un pays, de sa justice. Cela vaut pour le Rwanda comme pour la France. Outre l'entassement par mètre carré des auteurs et des profiteurs des massacres, c'est leur accoutrement qui m'avait étonné. Tous étaient vêtus d'une combinaison rose. On ne risquait pas de manquer ceux qui réussissaient à s'échapper. Mais au rythme d'une justice en lambeaux, il aurait fallu 200 ans pour juger les centaines de milliers de prisonniers.

Les idéologues, c'était l'affaire du TPIR mais quid des génocidaires ordinaires ? Les autorités proposèrent alors de relancer les Gacaca (prononcer « gatchatcha »), ce qui veut dire « gazon » en kinyarwanda, ces tribunaux coutumiers où l'on réglait les conflits et les contentieux assis sur l'herbe.

J'ai assisté à l'une de ses assemblées. C'était dans un petit village. Les anciens siégeaient sous un arbre. La population était là, en cercle, avec au milieu le mis en cause : un Hutu accusé d'avoir tué le fils de son voisin tutsi, d'en avoir profité pour prendre sa case, ses vaches, ses chèvres. Il y avait une mise en accusation par les villageois, des témoignages, puis la décision des sages. Pas de procureur, pas d'avocat. Une justice traditionnelle, reconnue, admise, efficace. Donc une bonne justice. Sans contestation, sans appel. Avec la confiance en ces sages, des gens d'expérience, reconnus par leurs pairs. Ces juridictions Gacaca ont participé, sinon de la réconciliation, au moins d'une reprise de la vie côte à côte.

Je suis retourné à Kigali en 2002 pour Reporters sans frontières avec Jean-François Julliard, qui avait succédé à Robert

Ménard au secrétariat général de l'organisation. Un journaliste était accusé d'avoir participé au génocide. Nous avions des informations laissant entendre qu'il était totalement étranger aux faits qu'on lui reprochait. Informations confirmées par des journalistes locaux. Moi, je m'étais plus spécialement chargé des contacts avec les autorités judiciaires rwandaises, procureur et juge d'instruction, pour leur apporter des éléments d'appréciation dont ils ne disposaient pas. Le journaliste a été disculpé et libéré. C'est la dernière fois que je suis allé au Rwanda. Toutefois, avant de reprendre l'avion avec Jean-François, nous avons voulu voir les gorilles dans la luxuriante forêt des Virunga, la chaîne de volcans qui sépare le Rwanda, la République démocratique du Congo et l'Ouganda. Le guide et le garde armé nous ont amenés jusqu'à dix mètres d'une famille de gorilles des montagnes, au dos argenté, vivant paisiblement dans une nature grandiose. Un moment très fort pendant lequel je me suis demandé comment ce somptueux pays, capable de sublimer la vie, avait pu receler tant de haine, d'horreur, de cruauté. Banaliser à ce point le mal.

Le TPIR a été la première juridiction à prononcer des peines pour crimes de génocide et à considérer que le viol pouvait en être constitutif. Le tribunal siégeait à Arusha en Tanzanie, c'est-à-dire à la frontière ouest du Rwanda. Il était difficile d'organiser les procès dans le pays même pour des raisons de sécurité, de sérénité. Mais la proximité avec les lieux de commission des exactions est essentielle. Plusieurs dizaines de personnes impliquées dans le génocide sont encore en attente d'un jugement en France, où elles ont pensé pouvoir trouver refuge. Dans quelles conditions les témoins vont-ils arriver du Rwanda, avec quelle mémoire flétrie par les ans ou ravivée à dessein par leur gouvernement ? Avec quelle aubaine pour la défense ? L'éloignement dans l'espace, dans le temps, ne participe pas pour moi d'une bonne justice. C'est en cela que je suis favorable à la création de tribunaux ad hoc, qui soient le plus proches possible de ceux pour qui

ils vont rendre la justice. La rendre compréhensible. Des tribunaux composés de magistrats internationaux et locaux, une mixité gage de crédibilité et de légitimité.
Avec William Schabas, directeur du Département des sciences juridiques de l'Université du Québec à Montréal et spécialiste du droit international, nous avions proposé une juridiction mixte pour juger les exactions commises par les Khmers rouges, qui ont fait 1,7 million de morts entre avril 1975 et janvier 1979, après une mission d'enquête que nous avions menée au Cambodge. C'est cette solution qui a été retenue avec la création des Chambres extraordinaires au sein des tribunaux cambodgiens (CETC), contre la volonté de l'ONU de créer une juridiction sur le modèle des TPIY et TPIR. Les CETC formaient à Phnom Penh une petite structure, souple qui n'a pas si mal marché dans la lutte contre l'impunité. Loin de l'usine à gaz onusienne, dont la lenteur le dispute à la lourdeur sans parler du coût, qu'est la Cour pénale internationale créée à la suite des TPI afin d'avoir une juridiction universelle permanente. Dans un rapport de position rédigé pour la FIDH présidée à l'époque par Sidiki Kaba, qui deviendra ministre de la Justice au Sénégal avant d'occuper de nombreux autres postes, puis avec son secrétaire général, l'avocat William Bourdon, ainsi qu'Emmanuelle Duverger, qui dirigeait le département Justice internationale, j'avais notamment poussé l'idée que la CPI n'aurait de sens que si l'on en faisait une juridiction d'appel. Une juridiction au-dessus des tribunaux ad hoc qui harmoniserait l'interprétation, l'application des textes internationaux, les décisions, et qui tracerait une jurisprudence. Ma proposition n'a pas été retenue.
Le TPI pour le Rwanda a mis en accusation 93 personnes. 62 ont été condamnées. Il a cessé ses activités le 31 décembre 2015. Le TPI pour l'ex-Yougoslavie a poursuivi ses activités pendant vingt-quatre ans, il a cessé de fonctionner le 31 décembre 2017. 161 personnes ont été mises en accu-

sation, 89 ont été condamnées, 18 acquittées, 13 renvoyées devant une juridiction nationale, 37 actes d'accusation ont été retirés. Dix accusés sont morts avant d'avoir été jugés…
J'avais été de fait le premier enquêteur, et je crois le seul, à avoir œuvré simultanément au sein des deux TPI, pour l'ex-Yougoslavie et pour le Rwanda. J'aurais pu poursuivre ma carrière dans cette voie. On me proposait de prendre la direction du service des poursuites au sein du bureau du procureur. Un poste très intéressant sur les plans professionnel, matériel, financier. Mais j'ai décliné. Dans ce monde très anglo-saxon qu'était devenue, à mon grand dam, la justice pénale internationale, je n'avais pas une maîtrise suffisante de l'anglais pour diriger efficacement des juristes, des policiers, venant des quatre coins du monde, avec leur accent, leur vocabulaire, australien, néo-zélandais ou indien. Et quand on ne maîtrise pas suffisamment la langue, on perd en autorité, on ne maîtrise pas les équipes. J'ai toujours eu une très nette notion des limites de mes compétences et capacités. Je sais quand je ne peux pas assurer la mission que l'on souhaite me confier. Je sais la refuser. Et puis Kigali n'est pas à deux heures de Thalys de Paris…
Lors de l'un de mes retours en France, Myriam Ezratty, première présidente de la cour d'appel de Paris, première femme à avoir été installée à cette haute fonction après avoir été la première femme directrice de l'Administration pénitentiaire, avait souhaité me rencontrer. Elle voulait que nous nous entretenions du TPI, de ce que j'y faisais et de Richard Goldstone, dont elle était restée proche après avoir mené une mission avec lui sur l'apartheid. Elle m'a demandé si je voulais poursuivre dans la justice internationale ou si j'envisageais autre chose. Mme Ezratty me proposant de présider la cour d'assises de Paris en cas de retour en France, j'acceptai immédiatement sa proposition, et je mettais fin à mes fonctions au TPIY.
Cette forte expérience au sein de la justice internationale m'a considérablement apporté. La confrontation de différents

systèmes et cultures judiciaires, les méthodes d'investigations complètement nouvelles, les exigences procédurales, la nécessité d'agir sur une grande échelle m'ont ouvert sur un domaine que je ne connaissais évidemment pas. Je suis certain que ce parcours particulier a conforté mes convictions quant au respect des droits fondamentaux des citoyens, quelles que soient leur origine, leur race, leur religion. Cela s'est traduit, sans aucun doute, dans ma pratique à la cour d'assises, mais aussi par mes engagements extraprofessionnels dans des missions confiées par l'ONU, l'Union européenne ou les ONG avec lesquelles j'ai collaboré.

ACCUSÉ, LEVEZ-VOUS !

« Tout homme porte en lui la forme
entière de l'humaine condition. »

Montaigne, *Essais*

La robe rouge

La robe rouge, l'hermine, le coup de sonnette, l'huissier qui annonce « La cour! », la salle d'audience debout, les regards sur vous, le silence, l'adrénaline qui accélère le palpitant dans la poitrine, le verdict et son lot de conséquences bientôt énoncées, ma responsabilité personnelle, je savais que j'avais fait ce métier pour cela aussi. Le désir de tenir une place, et j'avais trouvé ma place.

Je n'ai pas gardé le souvenir du premier procès d'assises que j'ai présidé. C'était en 1996 à Évry. Une juridiction que je connaissais puisque j'y ai exercé en tant que juge des enfants au tout début de ma carrière. J'ai tenu ma première audience après avoir été assesseur pendant quatre mois auprès de plusieurs de mes collègues expérimentés. J'ai compris en ces occasions que, pour être à l'aise dans ce rôle, il fallait d'abord être soi-même. Il n'était pas question pour moi de copier la pratique, aussi bonne soit-elle, de tel ou tel de mes formateurs. J'avais choisi une affaire simple, c'est-à-dire avec un seul accusé, une seule victime, et avec des faits reconnus. La possibilité de faire appel des verdicts rendus par les cours d'assises n'existait pas encore. On jugeait donc en première et dernière instance. Le seul moyen d'obtenir un nouveau procès devant une autre cour d'assises était de déceler un vice de procédure, la violation d'une règle de droit, puis de former un pourvoi devant la Cour de cassation. Il fallait,

ainsi, se montrer extrêmement rigoureux pour ne pas voir une décision infirmée par la Cour suprême.
Cependant, il était difficile d'admettre qu'une possibilité d'appel soit offerte pour n'importe quelle peccadille devant un tribunal correctionnel, mais refusée en assises où l'on jugeait les actes les plus graves et où l'on prononçait les peines les plus lourdes. Cette possibilité de contestation, de nouvel examen était une garantie fondamentale pour le justiciable.
L'instauration de l'appel a fait évoluer ma manière de traiter les dossiers, m'amenant à m'investir beaucoup plus sur le factuel, sur les éléments à charge ou à décharge, sur le fond de l'affaire, la solidité et la pertinence des preuves, pouvant de la sorte m'approcher au plus près de la vérité judiciaire.
Je dois reconnaître que je me suis facilement glissé dans cette nouvelle robe, cette nouvelle fonction que j'avais découverte et ambitionnée vingt ans plus tôt à Bobigny. En outre, je me sentais armé par mes quinze années à l'instruction, sachant manier le jeu des questions, lire un dossier, apprécier sa consistance, jauger la valeur des charges, déceler les failles, les pistes insuffisamment creusées.
Paris, Pontoise, Évry, Auxerre, Créteil, Melun, Bobigny, Versailles, j'y ai ainsi présidé toutes les cours d'assises, sous toutes leurs formes et compétences. Notamment celles siégeant en appel, crées en 2000 ; celles jugeant les mineurs, et qui ne doivent jamais perdre leur boussole éducative ; celles spécialement composées de magistrats professionnels pour les affaires de terrorisme et de trafic de stupéfiants en bande organisée ; enfin celles traditionnelles, avec les jurés citoyens que j'apprécie particulièrement.
J'ai toujours aimé les jurys populaires. Ces gens ordinaires qui passent le filtre des tirages au sort, à partir des listes électorales d'abord, puis dans la salle d'audience, celui des éventuelles récusations, sans explication, de l'avocat général ou de la défense et que l'on entraîne dans cette arène judiciaire sans aucune préparation. Ces quidams qui vont être immergés

dans un univers plusieurs jours durant, qui sera sans doute le premier et seul contact avec ce monde particulier de la justice, et qui vont se trouver confrontés à des drames qui les toucheront au plus profond d'eux-mêmes, qui jugeront leurs congénères, qui condamneront, qui acquitteront, selon leur intime conviction.

Mon investissement et mon intérêt pour cette fonction m'ont amené à rédiger le *Guide du juré*, qui est encore distribué, sous une forme actualisée, à chacun, à leur arrivée aux assises.

J'ai toujours considéré que le premier rôle d'un président était de rassurer ces citoyens inquiets, fiers aussi de la confiance placée en eux par la société, et qui sont extirpés de leur quotidien pour rendre la justice « au nom du peuple français ». Les mettre en confiance. Le premier matin du premier jour d'une session est en cela essentiel. Il va lier la cour. J'expliquais comment cela allait se passer, quel allait être leur rôle. J'échangeais, je répondais aux interrogations. Sans robe, sans solennité. Ils exprimaient spontanément leur inquiétude. Leur crainte essentielle, c'était de ne pas savoir faire, de ne pas savoir juger, de ne rien connaître au droit. Je leur expliquais que mes assesseurs et moi-même répondrions aux questions juridiques, que l'important était qu'ils répondent aux questions relatives aux faits reprochés à l'accusé qui leur seront posées en fin de procès, pour déclarer un accusé coupable ou innocent avec leur conviction personnelle et leur bon sens et qu'ils comprennent aussi les enjeux humains de l'affaire. La seconde chose qu'ils redoutaient, c'était, bien sûr, de commettre une erreur judiciaire. Je leur assurais que nous irions au plus près des faits, qu'au moindre doute caractérisé l'accusé devrait en bénéficier. Enfin, je leur garantissais un total libre arbitre, qu'ils ne seraient aucunement téléguidés, influencés dans leur réflexion, dans leur décision.

Ces affirmations sont-elles néanmoins suffisantes pour se prémunir contre la crainte fondamentale de commettre une

erreur judiciaire fondée sur des préjugés, des a priori ? De prendre pour vrai ce qui n'est que vraisemblable ?
Parfois, ce tourment de l'erreur judiciaire m'a moi-même traversé. L'expérience acquise en matière criminelle peut se révéler soit inutile, car inappropriée à l'affaire examinée, soit pernicieuse en ce qu'elle conforte dans une appréciation de déjà-vu. Or je me refuse à considérer que, s'agissant d'une activité humaine, juger a sa part d'aléa. Dès lors, comment s'assurer de ne pas commettre de telles erreurs ? La responsabilité du président est immense car de la manière dont il va conduire les débats, animer la délibération, entretenir une relation de confiance avec les jurés, dépendra le sort de l'accusé. Toutefois, j'estime que d'une part, chaque citoyen composant le jury doit assumer ses responsabilités, exercer son libre arbitre et se prononcer en conscience, et d'autre part que la loi détermine les modalités d'une déclaration de culpabilité. Il est difficile d'aller au-delà. Malgré ces considérations, il m'est arrivé, heureusement très exceptionnellement, de ne pas adhérer au verdict à rendre, étant mis en minorité dans la décision finale. Il n'est pas évident, et c'est un euphémisme, de prononcer publiquement un tel verdict. Mais m'interrogeant en conscience, n'avais-je pas eu tort ? Cette permanente préoccupation ne doit pas, toutefois, alimenter la crainte des jurés de participer à cet acte de justice. C'est aussi la force de la cour d'assises que d'avoir le temps d'examiner tous les aspects d'une affaire, l'engagement personnel est une vertu.
L'après-midi de cette première journée, j'organisais pour les jurés qui le voulaient une visite en prison, à la Santé, Fleury-Mérogis, Villepinte, Joux-la-Ville... C'était, pour eux, l'occasion unique de voir comment se traduisait l'exécution de la peine qu'ils prononceraient, de découvrir l'univers carcéral, la réalité de la détention, le travail des surveillants. J'accompagnais toujours le groupe de jurés. J'étais curieux d'observer les réactions, les comportements, les questions

posées aux surveillants sur les conditions de vie derrière les barreaux, le rôle de la détention, les relations entre les prisonniers, la préparation à la sortie…

J'ai rencontré chez les jurés des gens absolument formidables, très vigilants, très investis, dans leur immense majorité, et avec une conscience très développée de ce qu'ils accomplissaient, de leur responsabilité. Il y a vraiment dans la société des femmes et des hommes de très grande qualité qui peuvent et doivent participer à l'œuvre de justice.

Bien sûr, le système du tirage au sort réserve parfois des surprises. Ainsi, une jurée m'a demandé une fois, au bout du troisième et dernier jour du procès, alors que nous partions délibérer : « Mais de quoi est-il, au juste accusé ? Qu'est-ce qu'on lui reproche exactement ? »

Rien ne justifie, comme le soutiennent certains avocats, la suppression du jury populaire. Leur revendication est principalement fondée sur des idées préconçues quant à la place que les jurés tiennent durant le procès et la délibération, et surtout dans la manière dont cette délibération se déroule, alors que ces avocats n'ont jamais été membres d'un jury, ce à quoi, d'ailleurs, rien ne s'oppose.

La présence des jurés en cour d'assises est la clef de la meilleure garantie pour le justiciable. Le tirage au sort impose à chaque procès un jury différent. À chaque fois, le président doit donc faire œuvre de pédagogie, expliquer comment les choses vont se dérouler. Les jurés questionnent, interrogent, bousculent la routine qui peut se révéler nuisible aux accusés comme aux victimes. C'est un véritable garde-fou.

Je me souviens d'une jurée qui m'avait interpellé à une suspension d'audience : « Monsieur le président, vous nous avez parlé de neutralité, d'impartialité mais vous n'instruisez qu'à charge ! » Il s'agissait du procès d'un homme accusé d'avoir abattu un dealer lors d'une transaction dans un parking souterrain à Paris, le dépouillant de la drogue. L'enquête de police avait été difficile pour remonter jusqu'à l'intéressé, lequel contestait l'intégralité des faits et clamait son innocence. Il avait nié dès sa garde à vue, ainsi que devant le juge d'instruction. Piqué au vif, à la reprise de l'audience, je bombardais l'accusé de questions serrées qui l'amenaient soudain à tout avouer. « Monsieur, vous pouvez répéter ? », lui avais-je demandé. « Oui, c'est moi qui l'ai tué. » Cela se passait dans la petite salle des assises, sur le devant du Palais de justice historique de Paris, sur l'île de la Cité. Je n'avais pas fini de dire « Madame la greffière, veuillez acter » que la famille de la victime traversait l'allée séparant le prétoire face à moi pour se jeter sur la famille de l'accusé, déclenchant un gigantesque pugilat. Nous nous sommes retirés. Dans la salle des délibérations, j'interrogeai la jurée : « Alors Madame, qu'est-ce que vous en pensez ? Si je n'avais pas poussé l'accusé dans ses retranchements avec mes questions à charge, nous commettions une erreur judiciaire, nous acquittions un coupable. » Mais elle avait eu raison de m'interpeller sur la façon dont je menais les débats. C'est toute la richesse qu'apportent les jurés, dans la diversité de leur personnalité, à un procès. Il est vrai, cependant que cela peut dérouter, mais lorsqu'un accusé conteste les faits, on ne peut que lui opposer les éléments l'incriminant, sinon il n'y a plus de débat. C'est un exercice incontestablement difficile.

J'aimais également l'intelligence collective qui pouvait se dégager de ces échanges. Cela m'avait particulièrement frappé dans le procès d'un jeune marginal accusé d'avoir tué par balles un prêtre en l'église Saint-Gabriel dans le XXe arrondissement de Paris. Il était déjà soupçonné du meurtre d'un sacristain à Lille. L'avocat général avait fait un réquisitoire « béton », avec des arguments qui conduisaient tout droit à la condamnation. Et puis Me Lévy s'était levé en défense et il avait tout démoli avec son talent, sa force et sa conviction habituels. Le vrai dossier d'assises dont on ne sait pas comment il va se terminer. Les jurés étaient d'une qualité remarquable, le délibéré a été un vrai régal d'intelligence et d'humanité. Nous avons acquitté.

C'est encore une jurée qui m'a marqué quand je suis revenu à Bobigny, vingt ans après, présider dans les mêmes préfabriqués où j'avais découvert que ce métier pouvait me correspondre. De confession musulmane, elle s'était présentée voilée au tirage au sort. Nous étions en plein débat sur la question du voile dans les écoles, les services et l'espace public. C'était la première fois que cela se produisait à l'ouverture d'une session d'assises et il fallait que cela m'arrive ! Chose assez rare, le sort l'a désignée à trois reprises pour siéger dans trois dossiers. Comme il faut prêter serment tête découverte, elle a été récusée par le ministère public pour les deux premiers sans difficulté. Mais la troisième fois, elle n'avait plus son voile. Elle a donc pu prêter serment. Mais au retour d'une courte suspension pour que les jurés puissent aller chercher leur ticket de cantine, elle était à nouveau voilée. Nous avons dû rendre un arrêt pour la révoquer en nous appuyant sur le fait que le port du voile contrevenait à la neutralité de la cour. C'était une première en France. J'ai fait remplacer cette jurée, à mon grand regret et au sien, j'en suis sûr. En m'entretenant avec elle, j'avais compris qu'elle avait très envie de siéger et je pense qu'elle aurait parfaitement rempli sa mission.

L'intime conviction

Le rapport entre le président et les jurés est complexe. Ce magistrat en robe rouge est auréolé d'un pouvoir, d'une expérience, d'une réputation qui en aucune façon n'est neutre. À tort ou à raison. Toujours est-il que cet *imperium* qu'il dégage peut avoir une sérieuse incidence dans ses relations avec les jurés. Aussi est-il indispensable d'en avoir conscience. Il n'est pas évident de trouver la juste distance entre une certaine proximité qui permet d'instaurer une confiance et un certain éloignement qui garantit le libre arbitre de chacun des jurés.

En ce qui me concerne, je ne restais pas avec les jurés pendant les suspensions d'audience. Je leur demandais, juste avant la reprise de l'audience, s'ils avaient des questions sur ce qui venait d'être débattu, des points sur lesquels ils souhaitaient que l'on revienne, des aspects qui les tracassaient. Une fois les explications fournies, je me retirais dans mon bureau. Je m'attachais ainsi à leur offrir une totale liberté de discussion, de compréhension, seuls ou entre eux. Je constatais alors un phénomène d'adhésion collective, de resserrement des liens entre des gens qui ne se connaissaient pas jusque-là, qui très rapidement s'appelaient par leur prénom, se tutoyaient, s'échangeaient leurs numéros de téléphone. Certains se sont même mariés, je le sais. Tous unis dans le sentiment de vivre une aventure humaine unique.

J'étais particulièrement attentif au juré qui ne s'intégrait pas au groupe, à celui qui ne participait pas aux discussions, qui

n'allait pas déjeuner avec les autres. L'évocation des faits pouvait raviver les douleurs de certains. C'était surtout vrai dans les affaires de mœurs ou de mauvais traitements d'enfants.
Un jour, alors que nous jugions un dossier d'inceste, l'un de ces jurés que j'avais repéré à l'écart des autres m'a déclaré que cela lui était arrivé. C'était la première fois qu'il en parlait. On a discuté tous les deux, notamment sur sa faculté à continuer à siéger en toute neutralité. Je voulais m'assurer que ce qu'il avait pu vivre n'altérerait pas son impartialité, que cela n'irait pas à l'encontre du serment qu'il avait prêté au premier jour « de n'écouter ni la haine ou la méchanceté, ni la crainte ou l'affection ». Il m'a dit qu'il irait jusqu'au bout. Je n'ai jamais rencontré chez des jurés, qui avaient pu eux-mêmes être victimes de comportements excessifs, malsains ou vengeurs, de gens qui ne voulaient plus continuer à siéger. Je pense que le désir d'aller jusqu'au terme du procès avait un effet cathartique.
Une question particulière m'a encore frappée dans les rapports avec mes jurés : il s'agissait de la forme de la table autour de laquelle ils se tiennent lors de la délibération. Je me rappelle que dans les discussions menées à Paris entre le Viêt Cong et les États-Unis, qui aboutirent à la signature des accords de paix au Vietnam en janvier 1973, quinze jours furent nécessaires au choix de la table des négociations. Carrée, rectangulaire, ronde… celle-ci conditionne les interactions, les jeux de pouvoir. J'ai constaté que pour les délibérations aux assises, ovale, pas trop grande, est la plus adaptée. Elle favorise les échanges et permet une bonne implication de chacun. J'étais aussi soucieux de la place et de la tenue du président. Soit solennel à un bout de la table, seul, revêtu de sa robe ; soit simplement au milieu des jurés, en tenue civile. J'adoptais la seconde position, celle qui n'impose pas et qui favorise la qualité et la spontanéité des échanges. Je n'étais pas en position dominante.
Au commencement d'un procès, je le disais systématiquement aux jurés : « Votre conviction, vous la fixerez au

moment où vous mettrez votre bulletin dans l'urne, pas avant. Ce n'est certainement pas à la lecture de l'acte d'accusation, ce n'est pas à la première intervention d'un enquêteur qui vous paraîtra pertinente, ce n'est pas aux interventions de l'avocat général qui pourront vous sembler saillantes, à celles de la défense qui pourront emporter un temps vos sentiments. C'est tout à la fin des débats, après la délibération. Il faut rester ouvert, ne pas s'accrocher à un argument qui sera fragilisé par un autre. Il faut savoir les intégrer tous, ne pas s'ancrer trop tôt dans une décision, conserver jusqu'au bout une capacité d'évolution. » Nous sommes tous le fruit d'une éducation, d'un parcours, d'une conscience religieuse, philosophique, politique, d'a priori qui font la richesse de nos contributions, de nos réflexions.

La voix du président n'est pas, dans les textes, prépondérante. Elle ne doit pas l'être non plus dans le secret de la salle des délibérations. Pourquoi aurais-je plus raison qu'un juré sur la culpabilité ou l'innocence de l'accusé ? J'ai entendu les mêmes témoins, les mêmes experts, les mêmes victimes, j'ai eu connaissance des mêmes éléments de preuves, j'ai écouté le même réquisitoire, les mêmes plaidoiries. Qu'est-ce qui fait la différence ? Les plusieurs centaines de procès que j'ai déjà présidés ? Mais chaque affaire est singulière, chaque dossier comporte son lot de découvertes, tant pour le citoyen que pour moi.

Pendant le tour de table final, je questionnais les jurés pour être certain que tout ce qu'ils avaient vu, entendu, perçu, avait été passé au filtre de l'analyse à charge et à décharge. Je faisais entendre tous les points de vue, dans une recherche d'équilibre entre ceux qui accaparaient la parole et essayaient d'amener les autres à leur position, et les plus réservés à s'exprimer. Je donnais mon opinion en dernier. J'exposais pourquoi je pensais que l'accusé était coupable ou non, en insistant sur le fait que cela n'engageait que moi, que chacun était libre de suivre mon argumentation ou pas. Je leur disais :

« La seule chose qui compte, c'est que vous puissiez voter en votre âme et conscience. Que ce soir, en rentrant chez vous, en vous regardant dans la glace, vous puissiez vous dire, j'ai voté comme j'ai voulu. » Et puis je sortais de la pièce, sachant l'importance que mon opinion pouvait avoir. Je laissais les jurés entre eux un quart d'heure. Le temps que tout cela décante. Quand je revenais, je demandais une dernière fois si quelqu'un souhaitait aborder un aspect qui aurait été oublié. Et puis nous passions au vote. À bulletin secret. Coupable, condamné. Innocent, acquitté. À la majorité qualifiée.
Une dernière question interrogeait les jurés, celle se rapportant au doute. Dès le début du procès, il est rappelé dans la prestation de serment du juré que ce doute doit bénéficier à l'accusé. Pour ces juges-citoyens, peu rodés aux mécanismes judiciaires, il est important de les amener à dissocier le doute d'une simple hésitation sur la culpabilité, de la crainte de commettre une erreur judiciaire. Il est donc essentiel de s'assurer que l'évocation d'un doute ne cache pas la peur de décider ou ne serve d'alibi pour ne pas se prononcer. Il est vrai que dans toute affaire criminelle subsistent des zones d'ombre, des aspects non élucidés, mais ceux-ci, s'ils sont secondaires, ne doivent pas altérer la prise de décision, et de la sorte en laisser la responsabilité aux autres participants. Le doute, s'il existe, doit être étayé, réfléchi. Les Anglo-Saxons parlent de « doute raisonnable » et cette notion illustre bien la démarche intellectuelle qui doit être effectuée. Enfin, si le doute est caractérisé, il peut se traduire lors du vote à bulletin secret par une réponse négative ou un simple bulletin blanc. Les deux étant décomptés en faveur de l'accusé.
Nous passions ensuite à la fixation de la peine. Je laissais souffler un peu les jurés avant d'y réfléchir. Surtout si la culpabilité l'avait emportée de peu. Il n'est jamais évident de demander une sanction à ceux qui viennent de voter quelques instants avant pour l'acquittement. L'exercice mental est délicat mais la déclaration de culpabilité engage

tous les membres de la cour. La fixation de la juste peine est le seul moment où l'on peut dissocier au cours d'un procès l'accusé de son crime, où on lui restitue sa part d'humanité. Cette juste peine repose sur deux éléments fondamentaux fixés par la loi : la gravité des faits et la personnalité du mis en cause. Auxquels il convient d'ajouter la prise en compte de l'intérêt de la société, celui de la victime, et enfin celui de l'accusé. C'est là que sont intégrés l'histoire de celui-ci, sa capacité d'amendement, de réinsertion, la possibilité de lui octroyer des soins, mais aussi les risques de récidive, sa dangerosité. Tout ceci entre en ligne de compte dans la fixation de la juste peine. Avant le vote, il appartient au président de rappeler ces éléments pour aboutir au juste équilibre.

Les jurés sont souvent désemparés pour évaluer cette juste peine. Souvent ils demandent « combien ça vaut ? » et « si on prononce telle peine, combien va-t-il faire en réalité ? » Il faut donc leur fournir des éléments d'appréciation, ce que la loi prévoit, les différents régimes de peine, fermes, avec ou sans sursis, les réductions de peine possibles, les peines complémentaires, les possibilités de sortie anticipée, la libération conditionnelle, les suivis après la sortie de prison, les mises à l'épreuve, ou encore les suivis socio-judiciaires.

J'effectuais alors un nouveau tour de table. « Jusqu'où pourriez-vous monter dans le quantum de la répression sans être injuste à l'égard de l'accusé ? », demandais-je. « Jusqu'où pourriez-vous descendre sans être injuste pour les intérêts de la société et des victimes? Pourquoi pensez-vous que ce que vous proposez correspond à la juste peine ? » Chacun entend les arguments des autres et se forge là encore sa propre conviction en fonction de son acception du Bien et du Mal. Chacun écrit ensuite sur un morceau de papier le nombre d'années qu'il souhaite infliger et le glisse dans l'urne. La loi fixe les modalités du vote, cela pouvait prendre plusieurs tours de scrutin. Il arrivait que les convaincus de l'acquittement votent blanc.

Pour moi, associer le citoyen au jugement des affaires les plus graves, les crimes, c'est l'expression véritable de la démocratie, que l'on n'a pas si souvent l'occasion de formuler en dehors des élections. Une démocratie réellement participative.

Le premier coin démagogique enfoncé dans ce principe démocratique hérité de 1789 fut la réduction de neuf à six du nombre de jurés d'assises en première instance, or la dynamique d'une délibération n'est plus la même à neuf personnes qu'à douze. Trois jurés de moins, lesquels devaient aller siéger dans les tribunaux correctionnels selon la loi du 10 août 2011. Cette idée qui diluait l'engagement civique des citoyens dans un contentieux de masse, répétitif, parfois trop technique, a vécu. Mais les trois jurés perdus ne sont jamais revenus. Le principal impact de cette modification réside dans la déclaration de culpabilité qui ne pouvait intervenir sans une majorité de citoyens. Le dernier mot leur appartenait. Cette réforme leur a ôté cette prérogative capitale. J'ai toujours considéré que c'était là une véritable régression démocratique. Toutefois cette anomalie a été, en partie, rectifiée.

La création des cours criminelles départementales le 1er janvier 2023, avec cinq magistrats professionnels jugeant les crimes punis de quinze ou vingt ans de réclusion, des viols à 90 %, a fait reculer un peu plus le jury populaire. J'ai présidé la commission d'étude et de réflexion sur les cours d'assises et les cours criminelles départementales, instaurée par le ministre de la Justice Éric Dupond-Moretti, qui a rendu son rapport le 11 janvier 2021. J'ai dit le danger de voir naître un super tribunal correctionnel spécialisé, qui fasse de l'abattage pour gagner du temps et de l'argent au détriment de la considération due aux justiciables, qui risque d'instaurer une automaticité des peines jurisprudentielles. Cette fameuse routine dont nous gardent les citoyens. J'ai déjà dit ce que l'effacement des jurés comportait de risque pour la justice dans une démocratie fondée sur la liberté, l'humanité et la citoyenneté. Malgré tout, ces cours criminelles ont été non seulement maintenues, mais généralisées.

La parole des victimes

J'ai recherché, arrêté, interrogé, jugé, condamné des agresseurs pendant quarante ans, et j'étais à la retraite depuis trois mois que je me faisais agresser. C'était le 31 octobre 2013, le jour d'Halloween, dans le parking souterrain de notre immeuble. Il était 15 heures. J'étais avec mon épouse. Deux individus nous ont violemment attaqués pour dérober ses bijoux. Ces deux voyous l'ont plaquée au sol et lui ont volé son alliance à l'aide d'une pince coupante. Mon épouse a été profondément choquée. Voulant la défendre, j'ai été roué de coups, ce qui m'a valu dix points de suture. J'ai su dès lors ce qu'était l'attente de justice chez une victime. Je suis passé de l'autre côté de la barre. Durant le mois qui a séparé l'agression de l'arrestation de ces individus, je n'ai cessé, la nuit, de me refaire le film. J'aurais dû faire ci, j'aurais dû faire ça. J'aurais dû être plus prudent. J'aurais dû mieux protéger ma femme. Même si les choses avaient été très rapides, brutales, un sentiment de culpabilité face à mon manque de réaction, de perception de ce qui se passait m'envahissait. J'ai saisi l'importance de verbaliser, de parler. J'ai été très rapidement pris en charge par une psychologue spécialisée qui m'a aidé à surmonter ce traumatisme. Quand j'ai appris que les deux agresseurs avaient été retrouvés, quand j'ai compris que la justice allait pouvoir se faire, j'ai cessé du jour au lendemain de revivre ces instants. J'ai été, alors, renvoyé à ce qu'avaient vécu des victimes dans les procédures que j'avais eu à connaître. J'ai réalisé l'importance de la parole qui soulage, qui remet les actes, les pensées, les sentiments à leur juste place. J'ai compris l'importance de l'acte de justice qui distingue clairement la victime de l'agresseur.

Président de cour d'assises, j'ai souvent regretté que les avocats des parties civiles ne préparent pas leurs clients à l'épreuve du procès, parfois très difficile à supporter, qu'ils ne leur expliquent pas qu'un verdict n'est jamais acquis, que la peine maximale qu'ils attendent n'est pas forcément prononcée.

Aujourd'hui, la place des victimes a changé. Avant, on considérait que le procès était d'abord pénal, qu'il devait s'intéresser surtout aux auteurs. On prenait bien sûr en compte la parole des victimes mais on ne leur donnait pas toute la place qu'elles ont aujourd'hui.

La cour d'assises de Paris a consacré un mois et demi à recueillir les témoignages des victimes des attentats du 13 novembre 2015. Même si, à mon sens, les accusés doivent entendre ces douleurs, certains avocats se sont émus de l'importance donnée à l'audition des parties civiles qui viennent déverser leurs traumatismes, leurs émotions, qui créent un climat, une ambiance, qui déséquilibrent le procès, qui peuvent influencer les magistrats. C'est Me Dosé qui a développé cet argument, lequel doit être pris en considération mais qui marque clairement l'évolution de la pratique judiciaire. C'est un débat ouvert que, à ce stade, je ne tranche pas.

Les attentats de 1995, entre émotions et provocations

Elles défilent à la barre, ces jeunes femmes qui se trouvaient dans la rame ce 25 juillet 1995. Elles viennent dire leurs ambitions brisées, leur corps mutilé, leur vie saccagée. Remontent l'hébétude après le bruit sourd de l'explosion, le silence sidéré avant les cris, la découverte de leurs blessures, celle des autres autour, les morts, la douleur, l'odeur, l'horreur, l'attente des secours. Resurgit dans toute sa lâcheté l'abandon d'un sac piégé dans un wagon bondé, l'aveuglement qui fauche au hasard des innocents.

Dans le box, Boualem Bensaïd se lève brusquement. Il s'en prend violemment à l'une d'elles qui témoigne en sanglots : « Pourquoi vous pleurez ? Personne ne pleure sur les victimes du régime algérien ! » Je le fais expulser. Ce ne sera pas la dernière fois. J'essaie de maintenir un équilibre dans ce procès particulièrement scruté. Politiquement, diplomatiquement, médiatiquement. Par la Chancellerie aussi, évidemment. Je ne veux pas que les incidents déstabilisent la cour spécialement composée de sept magistrats professionnels, comme pour tout procès terroriste, qu'elle perde en autorité, en crédibilité. Je ne veux pas me laisser déborder. Je veux que ce procès aille à son terme selon les critères du procès équitable. Je préside d'une main de fer sans oublier de lui passer quand il faut un gant de velours. Boualem Bensaïd et Smaïn Aït Ali Belkacem refusent de se lever devant la cour parce qu'« ils ne se lèvent que devant Dieu » ? Je demande à l'escorte de les introduire dans leur box seulement après notre entrée. Bensaïd revendique le droit de faire sa prière l'après-midi. Je lui refuse mais je m'arrange pour que la suspension de l'audience, vers 15 h 30, tombe au moment propice. Je désamorçais sans me plier, sans me montrer trop conciliant. Le procès pouvait avancer. Et c'était cela qui importait.

Les attentats de 1995 sont les premiers considérés comme authentiquement d'inspiration djihadiste commis en France. Le Groupe islamique armé (GIA) revendique une « guerre sainte » intervenant en riposte au soutien de Paris aux gouvernants d'Alger. En décembre 1991, le pouvoir algérien a interrompu le processus électoral annonçant la victoire du Front islamique du salut lors des premières législatives libres organisées dans le pays, qui bascule alors dans la guerre civile. La prise d'otages à bord de l'Airbus d'Air France Alger-Paris, le 24 décembre 1994, inaugure la série d'actions menées par le GIA sur le sol français.

Le 25 juillet 1995 à 17 h 30, une bonbonne de gaz bourrée d'écrous explose dans le RER B à la station Saint-Michel-Notre-Dame, faisant huit morts et cent cinquante blessés. Le 6 octobre 1995 à 16 heures, une bouteille de gaz emplie de clous et de boulons et placée dans une poubelle près de la station de métro Maison-Blanche à Paris fait dix-huit blessés : c'est le jour de l'enterrement de Khaled Kelkal, membre du GIA impliqué dans plusieurs attaques commises en France, abattu par des gendarmes une semaine plus tôt dans les Monts du Lyonnais à un arrêt de bus nommé Maison-Blanche. Le 17 octobre 1995 à 7 heures, une nouvelle bombe saute dans une rame du RER C entre les gares Musée-d'Orsay et Saint-Michel-Notre-Dame, faisant cette fois trente blessés. C'est la psychose. La vente des bouteilles de gaz est contrôlée. On ne trouve plus une poubelle en France, toutes retirées de

l'espace public. On n'ose plus prendre le métro ou le train. Une ambiance qui présageait 2015.
La Division nationale antiterroriste a remonté le réseau en novembre 1995. Quarante et une personnes appartenant aux groupes dits du Nord, comme Smaïn Aït Ali Belkacem « l'artificier », et de Chasse-sur-Rhône, celui de Kelkal, avec comme coordinateur entre les deux Boualem Bensaïd. On a retrouvé ses empreintes digitales avec celles de Kelkal sur le système de mise à feu défaillant d'une bonbonne de gaz qui aurait dû exploser près de Lyon au passage d'un TGV se dirigeant vers Paris, le 26 août 1995. Pour ça, Bensaïd purge trente ans de réclusion, Belkacem dix ans pour « association de malfaiteurs en relation avec une entreprise terroriste » quand nous sommes amenés, en ce mois d'octobre 2002, à les juger pour les attentats parisiens.
La lecture des trois arrêts de renvoi prendra quatre heures. À la question rituelle « Reconnaissez-vous les faits dont vous êtes accusés ? », Bensaïd et Belkacem, 34 ans, répondent par la négative. « Vous contestez l'intégralité des faits ? » insistai-je. « Absolument », m'ont renvoyé les deux hommes à la silhouette massive. Ils étaient pourtant passés aux aveux pendant leur garde à vue qui avait suivi leur arrestation. Bensaïd, qui soutiendra cependant au cours du procès être « plus qu'un membre du GIA, un combattant, à mort pour [sa] cause », dira qu'il a avoué parce qu'il a été malmené lors de son interrogatoire par la Division nationale antiterroriste (DNAT). C'est d'ailleurs là-dessus que s'appuiera la Haute Cour britannique pour refuser d'extrader Rachid Ramda, présenté comme le financier du réseau, en avançant qu'« il ne pourrait pas bénéficier d'un procès équitable ».
Nous avons décidé de disjoindre son cas. J'ai regretté son absence qui aurait permis d'avoir une compréhension plus fine du fonctionnement du réseau mais elle n'a aucunement gêné la cour dans la caractérisation des agissements des deux accusés. Idem pour Ali Touchent, présenté comme le

cerveau des attentats, l'émir du GIA en Europe, mais aussi comme un agent infiltré des services algériens et/ou français, annoncé mort par les autorités algériennes en 1998. Son ombre n'a pas plus pesé sur le procès. Je ne voulais pas m'écarter de la saisine. Je ne souhaitais pas que ces diversions agissent comme une dilution des actes reprochés à Bensaïd et Belkacem. J'ai consenti à faire citer le n° 2 de la Direction de la surveillance du territoire, pour ne pas laisser prospérer l'idée que je voulais éluder le rôle de Touchent. « Ali Touchent agent, ça ne tient pas debout. Vous imaginez qu'on ait pu le laisser commettre des attentats pour avoir des renseignements ? » a clos le débat Jean-François Clair.
La déposition de Roger Marion, patron de la DNAT au moment du démantèlement du groupe terroriste, fut plus tendue. Marion est assurément un bon policier mais un peu trop assuré. Cassant, il balaie les questions, refuse d'y répondre parce qu'il n'en voit pas l'intérêt, se défausse sur les autres services de police. Je suis même contraint de le recadrer : « Vous faites preuve d'un peu de légèreté. » Une légèreté que Christophe Descoms, chef adjoint de la Brigade criminelle, ne manquera pas de souligner à la barre. « On a éprouvé le besoin de reprendre le travail à zéro. En fait, on a refait l'enquête. » Les empreintes de Bensaïd sur la bonbonne de gaz placée dans la poubelle devant la station Maison-Blanche, le titre de transport de Belkacem qui prouve qu'il quitte le RER C à la station Javel deux minutes avant l'explosion à Musée-d'Orsay, les repérages codés retrouvés dans les poches de Bensaïd qui mènent à l'attentat de Saint-Michel, la Crim' a effectué un très gros travail, méticuleux, précis, dans lequel on reconnaissait toute son expertise, toute son expérience. Un travail qui a permis à Jean-Louis Bruguière de constituer un solide dossier d'instruction, sur lequel j'ai pu m'appuyer. Le nœud du procès, c'étaient bien sûr les faits commis à la station Saint-Michel avec son bilan meurtrier, son nombre de blessés. Et des preuves de culpabilité peu étayées. Au

dixième jour d'audience, un gendarme en permission qui avait été intrigué par des hommes qui ne cessaient de regarder leur montre, le 25 juillet, dans la rame du RER B dont il était descendu à Châtelet-Les Halles, ne reconnaissait ni Bensaïd ni Belkacem dans le box. Pas plus que l'employé de l'armurerie qui avait vendu 2 kilos de poudre noire à deux individus quelques jours avant les faits. C'est là que je décidai d'ouvrir le champ de la complicité.

Pascale Robert-Diard a écrit dans *Le Monde* que pendant les trois heures qu'a duré le réquisitoire de l'avocat général Gino Necchi, tout en parties et sous-parties, en divisions et subdivisions, en pistes et sous-pistes, « [mes] yeux étaient restés obstinément accrochés au plafond de la salle » d'audience, « tandis que les doigts de [ma] main droite tambourinaient nerveusement sur la table » devant moi. Peut-être. Je me souviens d'une accusation mal assurée, ne démordant pas de l'arrêt de renvoi, ne tenant compte d'aucun des éléments qui avaient pu surgir au cours des cinq semaines d'audience, faisant moins la preuve de l'implication directe de Bensaïd dans l'attentat de Saint-Michel que de sa totale déconnexion avec ce que tout le monde avait saisi à la lumière du procès. Un avocat général ne doit pas s'écouter requérir, il requiert à partir du dossier qu'il doit maîtriser, de l'audience qu'il doit mesurer afin de convaincre des charges qui peuvent exister. Le plus regrettable dans un tel procès, c'est de ne pas avoir un ministère public à la hauteur des enjeux. Ceci à l'exact inverse de la partie civile, représentée par Me Georges Holleaux.

Benoît Dietsch et Guillaume Barbes, deux jeunes avocats que je ne connaissais pas, se sont, eux, battus pour la défense de Bensaïd, sur ce qui résultait de l'instruction, de l'évolution des débats ; sur le poids réel des charges, ne cautionnant jamais ses actes ; sur son attitude dans le box, ne contestant aucune de ses expulsions. Une défense digne, parfaitement adaptée, même si elle ne fut pas facile devant de tels actes, un tel accusé. Je me souviens qu'ils avaient conclu leurs plaidoiries par cette injonction : « Le sale boulot, on l'a fait. Pour Maison-Blanche et Musée-d'Orsay, vous ferez ce que vous voudrez. Mais pour Saint-Michel, c'est à vous de faire le sale boulot : acquittez ! »

Nous nous sommes retirés. La délibération a duré trois heures trente. Elle fut d'une grande qualité. Mes collègues étaient très impliqués, très attentifs. En tant que président, je n'ai habituellement pas mon mot à dire dans la désignation des magistrats qui seront mes assesseurs au sein de la cour d'assises spécialement composée. C'était, ici, l'affaire du président du tribunal de grande instance de Paris. Je lui avais tout de même demandé de m'adjoindre deux spécialistes de l'indemnisation des victimes. Il y avait près de 250 parties civiles, des préjudices physiques, psychologiques à évaluer, des organismes sociaux à mettre en cause, des régimes complémentaires, spéciaux, les assurances à solliciter. Il m'a donc affecté deux magistrates qui ont mis quatre mois, à elles deux, pour rédiger l'arrêt sur intérêts civils. Un travail colossal. Mais il fallait que la cour se montre à la hauteur de sa décision.

Nous avons condamné Boualem Bensaïd à la réclusion criminelle à perpétuité pour « tentative d'assassinat en relation avec une entreprise terroriste » pour l'attentat du métro Maison-Blanche et nous avons retenu la « complicité » pour ceux des RER Saint-Michel et Musée-d'Orsay. Reconnu comme l'auteur direct du second, Smaïn Aït Ali Belkacem a écopé de la même peine. En quittant la salle, Bensaïd a défié une dernière fois les victimes et la cour en criant : « Allahu akbar ! »

Maîtriser le dossier

J'ai mis six mois pour préparer le procès des attentats de Saint-Michel, Maison-Blanche et Musée-d'Orsay. Cela m'a demandé un gros investissement. J'y consacrais quasiment tout mon temps. Même pendant les vacances, je ne décrochais pas. Je me souviens d'un séjour en Haute-Provence avec mon épouse. Tous les matins avant de partir nous balader, je continuais à éplucher rapports, témoignages, auditions, expertises.

J'ai toujours mis un point d'honneur à connaître mes dossiers quasiment par cœur. C'est une conscience professionnelle, une question de respect. On le doit aux parties. Il n'y a rien de plus pénible que de voir un président passer le procès à feuilleter, à rouvrir et refermer ses tomes sans jamais un regard pour l'accusé, à la recherche d'un procès-verbal, d'une cote, d'une déclaration pour relancer une question. Une parfaite maîtrise du dossier permet de s'en affranchir à l'audience, de prendre une certaine distance, d'être dans le dialogue, la fluidité, d'asseoir son autorité.

Pour y parvenir, je faisais une première lecture très fouillée le plus en amont possible. J'étudiais toutes les pièces à fond. Se dessinaient alors les premiers enjeux qui m'aidaient à projeter mon plan d'audience. Un procès, c'est un puzzle, et le plan d'audience permet de poser chaque pièce au bon moment pour offrir à la cour la lisibilité la plus parfaite possible.

En effet, à la différence du président, de l'avocat général, des avocats de la défense ou des parties civiles, les jurés et les assesseurs n'ont pas accès au dossier avant l'audience. Leur conviction se forgera donc sur ce qu'ils entendront, sur ce qui sera débattu. C'est le principe de l'oralité des débats que le plan d'audience organise en faisant citer tel témoin tel jour, tel expert tel autre, en entendant telle victime à tel moment précis dans un ordre de passage préétabli. Ce plan d'audience est capital pour amener à la compréhension des faits surtout quand ils sont multiples, complexes, de surcroît lorsqu'ils sont contestés. Je le communiquais toujours à l'avance aux avocats, de manière qu'ils se préparent et évitent de le perturber par des questions à contretemps qui devanceraient mon ordonnancement. Il me servait aussi à convoquer suffisamment tôt un responsable d'enquête afin qu'il puisse rassembler ses souvenirs trois ans après les faits, un professeur de médecine afin qu'il se rende disponible pour venir éclairer un point médico-légal. Le plan d'audience est une architecture délicate qui doit amener à évoquer tous les éléments pertinents à charge et à décharge.
Je laissais, alors, décanter tout cela, puis je reprenais le dossier quelques jours avant l'ouverture du procès pour une seconde lecture qui faisait souvent émerger des éléments apparus secondaires dans un premier temps, des points de force nouveaux, des lacunes enfouies, qui affinaient mon approche, peaufinaient mes impressions.

À chaque procès terroriste, j'avais droit à une protection policière. Un officier de sécurité et un chauffeur venaient me chercher pour aller au Palais puis me ramenaient le soir. Mon domicile était également sous surveillance. Un matin que je descendais chercher mon courrier, une jeune factrice était justement en train de le distribuer dans les boîtes aux lettres. Elle avait repéré les deux policiers présents dans le passage où j'habitais. « Attention, je crois qu'ils sont là pour vous », me glissa-t-elle discrètement d'un air complice, pensant que j'étais un malfaiteur recherché…

J'ai présidé près d'une trentaine de procès d'autonomistes basques et d'indépendantistes corses. Des détentions d'armes qui auraient pu équiper un régiment entier, de la confection et du stockage d'explosifs, de la détention de faux permis de conduire, cartes d'identité, pour les premiers qui utilisaient la France comme base arrière pour aller frapper en Espagne. Des mitraillages de gendarmerie ou de préfecture, des plastiquages de maisons, propriétés de continentaux, pour les seconds. Aucun de ces procès ne m'a particulièrement marqué. Je me souviens seulement d'un gâchis immense. De jeunes gens qui avaient raté leur engagement, qui étaient passés à côté de leur cause, qui s'étaient authentiquement fourvoyés et partaient pour dix ans, quinze ans de détention. Il fallait sanctionner bien sûr mais je ne pouvais me détacher de l'idée d'une jeunesse perdue, égarée.

Les procès des membres d'ETA suivaient un rituel. Dans la salle, des militants arrivaient avec le drapeau basque rouge, blanc et vert barré d'une croix catholique et d'une croix de Saint-André, l'*ikurriña*, ou plus prosaïquement des étendards blancs avec en leur centre la carte d'un Pays basque réunifié en noir. Quand les accusés entraient dans le box, le public se levait et entonnait *Eusko Gudariak*, l'hymne d'ETA. La cour se retirait alors, dignement, en attendant que les chants, fort beaux au demeurant, aient cessé. Puis, immuablement, les accusés refusaient de répondre à l'interrogatoire d'identité, réclamant un interprète basque ou espagnol, que nous leur refusions immanquablement, sachant que tous parlaient parfaitement le français. Lors des débats, ils restaient tout aussi mutiques sur les faits, les caches, les faux papiers, les repérages. La défense, portée par des avocats proches du mouvement, plaidait inévitablement le caractère illégitime des poursuites, le bien-fondé de la lutte armée, sans s'intéresser vraiment aux actes reprochés. Enfin, quand je donnais la parole en dernier aux accusés, l'un d'eux se levait, dépliait un papier et lisait une déclaration politique à la médiocrité ahurissante, empreinte d'un marxisme mal digéré. Quand nous revenions après délibération pour rendre le verdict, toute la salle se levait, ressortait les drapeaux et chantait à nouveau. Un rituel.

Les Corses avaient, quant à eux, la parole plus facile. Ils parlaient, ils racontaient. Ce qui rendait les procès quelque part moins fastidieux, plus agréables. Il y avait, néanmoins, un décalage entre la symbolique de leurs agissements et la portée de leur réflexion politique, laquelle était en réalité assez faible. Pour les jeunes militants, se faire photographier devant le drapeau à tête de Maure, *a bandera a testa mora*, cagoule sur la tête et fusil en main, valait brevet nationaliste, certificat d'appartenance au peuple corse. Nous étions là aussi dans le rite. Mais par la suite, l'engagement nationaliste pesait peu pour certains groupuscules qui avaient versé dans le banditisme mafieux. S'il y eut des blessés, les vagues d'attentats à la bombe, « les nuits bleues », visaient des cibles matérielles, des symboles immobiliers, rarement et directement des personnes. Jusqu'à l'assassinat du préfet Érignac.

Érignac, l'acquittement des « commanditaires »

Le 11 juillet 2003, Vincent Andriuzzi et Jean Castela avaient été condamnés à trente années de réclusion criminelle pour complicité d'assassinat. Ils étaient les « commanditaires », les « cerveaux », les « intellectuels du Nord », parce que le premier, professeur de mathématiques, et le second, agrégé de géographie, enseignaient à Bastia.

Le soir du vendredi 6 février 1998, Claude Érignac, préfet de Corse depuis tout juste deux ans, dépose son épouse devant le théâtre Kallisté d'Ajaccio, où ils sont venus assister à un concert, et va stationner sa voiture un peu plus loin. Il revient à pied quand il tombe sous les balles d'un commando dit des « Anonymes », qui revendique trois jours plus tard dans un communiqué avoir abattu l'incarnation de l'« oppression » menée par l'« État colonial ». C'est la première fois en France qu'un préfet est assassiné. L'émoi est considérable. Plusieurs milliers de personnes défilent à Ajaccio et à Bastia. « Cet acte inqualifiable et abject en frappant le représentant de l'État atteint la Nation tout entière », réagit Lionel Jospin, Premier ministre. « Les assassins seront punis car ce sont les assassins d'un homme mais aussi les ennemis de la République », déclare Jacques Chirac, président de la République, lors de l'hommage national rendu le 8 février en Corse.

Devant la cour d'assises spécialement composée, les peines tombent en juillet 2003 pour les huit premiers membres du commando interpellés. Elles vont de quinze ans de réclusion à la perpétuité. Le neuvième, retrouvé après une beaucoup plus longue cavale, Yvan Colonna, sera définitivement reconnu coupable d'être celui qui a appuyé à trois reprises sur la détente et écopera de la réclusion à perpétuité, le 20 juin 2011. Des huit initialement arrêtés, Andriuzzi et Castela sont les seuls à avoir interjeté appel.
À la lecture des PV d'audiences de première instance, lors de la préparation du procès en appel que j'allais présider en février 2006, j'ai constaté que 80 à 90 % des débats avaient porté sur les rouages en prise directe avec l'assassinat du préfet Érignac. Les responsabilités réelles de Castela et Andriuzzi, considérés comme les instigateurs, avaient été abordées de façon beaucoup moins approfondie. Quelque part, ils avaient été entraînés dans la sanction infligée au commando. À la cour d'assises d'appel, nous n'avions qu'eux deux devant nous, nous avons pu nous concentrer sur leur rôle. Pendant trois semaines, nous nous sommes attachés à rechercher les éléments qui pouvaient les impliquer de manière certaine dans la décision de passer à l'acte, dans l'organisation de l'assassinat. J'avais avec moi des magistrats de très haut niveau. Nous sommes allés, j'en suis convaincu, au plus près de la vérité judiciaire.
Tout le poids de l'accusation portait sur un procès-verbal de la DNAT indiquant qu'« une source sûre et confidentielle » avait confié que l'attentat contre le préfet était « une action ultranationaliste dissidente d'A Cuncolta Naziunalista » et qu'« un des commanditaires était un nommé Castola [sic], professeur à l'université de Corte ». L'auteur de ce PV, le commissaire Philippe Frizon, a refusé à la barre de livrer le nom de cette source. Il n'a pas su expliquer pourquoi ce document daté du 20 août 1998 évoquait des faits du 4 octobre de la même année, donc postérieurs. « Ce PV est un faux »,

s'était tout de suite engouffré Éric Dupond-Moretti, l'un des avocats de Castela. « C'est une erreur matérielle, un problème de traitement de texte », avait tenté de couvrir Roger Marion, l'ancien patron de l'antiterrorisme aux méthodes de cow-boy pour qui seul le résultat semblait compter. Je comprends que, pour les enquêteurs, la procédure est une charge, une contrainte très forte, mais c'est aussi la garantie du droit des citoyens. Une garantie contre l'arbitraire. Un fondement de l'État de droit.

Les débats furent une nouvelle fois un peu tendus avec la DNAT. Comme dans le procès de l'attentat du RER Saint-Michel, je ne pouvais m'empêcher d'en souligner les contradictions, les insuffisances, « les légèretés ». Les deux informations judiciaires simultanées risquaient de s'emmêler, visant d'une part les « Anonymes » et d'autre part le monde agricole et ses troupeaux de vaches fantômes, auquel Claude Érignac s'intéressait de près, notamment quant à la légitimité des subventions accordées.

Les débats furent très denses, très serrés. L'ensemble des éléments incriminant les deux accusés furent minutieusement examinés. Ainsi, les aveux d'Andriuzzi au commandant Lebbos, qui ne ressortaient d'aucun PV d'audition. La réunion du 19 août 1998, chez la sœur d'Alain Ferrandi, le coordinateur de l'assassinat, lieu où le commandant Frizon « suppose » que Castela et Andriuzzi avaient rédigé les tracts de revendication, dont on n'a jamais retrouvé un exemplaire ni chez l'un ni chez l'autre. Même pas un brouillon, un papier de même grammage, une machine à écrire qui aurait servi à les frapper… « Nous n'avons pas la preuve formelle de leur implication », finit par consentir devant nous Roger Marion.

Dans un réquisitoire à deux voix de cinq heures, les avocats généraux Christophe Teissier et Yves Jannier ont requis la même peine que celle infligée en première instance, trente ans, pointant Castela et Andriuzzi comme les « rouages essentiels » de l'assassinat, « les théoriciens, les justificateurs de l'injustifiable ». S'arc-boutant sur le premier procès et ses conclusions, considérant que l'appel n'en était pas un nouveau mais seulement la continuation du précédent, évacuant l'évolution apparue sur l'implication des deux mis en cause, l'incertitude qui en était née. Il apparaissait alors que l'accusation devait tenir sa place coûte que coûte. Parce que la hiérarchie judiciaire observait l'audience de près, sous la loupe grossissante de la presse, et celle, retentissante, de la classe politique, jusqu'à figer une position qui fragilisait les arguments du parquet au regard de l'inconséquence du dossier.

Éric Dupond-Moretti, défenseur de Jean Castela, avait la réputation de transformer une petite fêlure en énorme brèche. Dans ce dossier, elles étaient déjà béantes. J'avais déjà eu affaire à cet avocat dans différents procès que je présidais. Il était très à cheval sur le respect du débat contradictoire, l'exercice des droits de la défense, l'impartialité du président et de la cour en général. Dès que la ligne rouge était franchie sur ces points-là, Dupond-Moretti créait un incident, parfois très violent, ce qui avait pour effet de déstabiliser le président face aux jurés, à ses collègues, au public. Il voulait que la règle du jeu soit respectée. En cela, ses exigences étaient celles que je m'imposais. Il savait qu'il ne pourrait pas me prendre en défaut sur la connaissance du dossier, une carence de l'instruction que j'aurais ignorée, il ne pouvait pas critiquer le rapport d'équilibre que je m'appliquais à imprimer entre les parties, la position d'arbitre que j'occupais entre défense et accusation. Nous avons toujours évolué dans un respect mutuel, notamment dans le dossier Andriuzzi-Castela, tellement sensible. C'est sans doute pourquoi, devenu ministre de la Justice, il m'a demandé de présider la commission d'étude et de réflexion sur les cours d'assises et les cours criminelles départementales.

Patrick Maisonneuve, le conseil de Vincent Andriuzzi, est aussi, dans un autre style, un grand avocat pénaliste. Il a été à bonne école. Il a débuté comme collaborateur de Philippe Lemaire, l'un des pourfendeurs de la peine de mort avec Robert Badinter, qui s'avérait d'une grande réflexion humaine, éthique, aujourd'hui disparu.

Dans ce procès, Maisonneuve s'est retrouvé face à son maître qui représentait Mme Érignac et ses enfants. Ils ont été dans un rapport de force, un affrontement presque freudien entre le fils et le père. Lemaire, qui était auprès de la famille Érignac depuis le début, a mal vécu l'issue du procès. Il en a voulu à Maisonneuve, à moi aussi, de l'acquittement des deux accusés. Alors que nous nous saluions très amicalement quand nous nous croisions au Palais, que nous échangions régulièrement, Philippe Lemaire ne m'a plus adressé la parole. Je n'ai pas compris sa réaction alors que nous avions jugé dans la plus grande honnêteté, la plus grande transparence sur la base du dossier et des débats.

J'ai fait extraire de leurs cellules les membres du commando, condamnés en première instance, qui sont venus jurer que Castela et Andriuzzi n'étaient coupables de rien. Il y avait quelque chose d'assez délirant dans le fait de demander de dire toute la vérité sous serment à des gens condamnés à perpétuité pour l'assassinat d'un préfet. Nous touchions aux limites de l'exercice. Jean Castela et Vincent Andriuzzi n'étaient pas des oies blanches. Un carnet à spirales retrouvé chez le premier par la DNAT en mai 1999 contenait le plan du rectorat de Paris plastiqué en septembre 1994. Des itinéraires, des notes menaient à d'autres actions commises à Nice et à Mende. Des éléments découverts dans l'ordinateur du second le reliaient à ces trois attentats.

Nous avons délibéré pendant six heures. J'ai le souvenir d'avoir vécu des échanges où nous étions sur une même ligne de pensée, d'une délibération vraiment intelligente, durant laquelle chaque point était soupesé, où les réflexions se répondaient, les doutes s'écartaient. Je suis infiniment reconnaissant à mes collègues de m'avoir

permis de présider un si difficile procès entouré de leur grande qualité.
J'ai encore le souvenir de ce silence, de ces regards qui nous chargeaient de tant d'interrogations quand nous sommes revenus dans le prétoire. Nous avions à répondre à une cinquantaine de questions. Je n'ai pas voulu les relire toutes. J'ai énoncé simplement : « Pour les questions 1 à 8, la réponse est non. Pour les questions 9 à 12, la réponse est oui. Pour les questions 13 à 22, la réponse est non », etc. Bien sûr, personne ne comprenait qu'elle était notre décision. J'ai donc repris : « Pour la complicité des attentats de Paris, Nice et Mende, la réponse est "coupables". Pour la complicité de l'assassinat du préfet Érignac, la réponse est "non coupables". »
Ce fut une explosion d'émotions, des applaudissements, des cris, des pleurs, des chants, des embrassades. Sur le banc des parties civiles, Mme Érignac et ses enfants très dignes, mais visiblement gagnés par l'incompréhension.
Vincent Andriuzzi et Jean Castela ont pu sortir de Fresnes, les huit ans que nous avions infligés au premier, les dix ans au second pour les attentats de 1994, ayant été purgés, et rentrer en Corse.
Évidemment, le citoyen se demandera comment la justice peut acquitter en appel deux hommes qu'elle a condamnés en première instance à trente ans de réclusion. Qu'est-ce que c'est que ce revirement ? Comment juge-t-on ? Selon l'humeur du moment ? Rendre la justice, c'est ne pas se laisser imposer des certitudes ; c'est, en appel, ne pas se laisser enfermer dans une première décision. C'est avoir sa propre lecture du dossier, sa propre analyse. C'est ne pas s'abandonner à une condamnation de principe, c'est ne pas se laisser tordre le bras par la raison d'État, se laisser gagner par l'émotion, se laisser influencer par l'opinion. Je me suis toujours gardé de ces terrains que je ne maîtrisais pas, la politique, le religieux. Seuls m'importaient les faits. Cela a été une constante dans ma carrière, je n'ai jamais cherché à plaire, à satisfaire. D'ail-

leurs, je n'ai jamais été tributaire d'une quelconque décoration ni de reconnaissance sous quelque forme que ce soit. S'attirer les bonnes grâces de tel ou tel m'était complètement égal. Cela se savait et je m'en suis toujours bien porté.
Les réactions à l'acquittement de Castela et Andriuzzi m'ont totalement indifféré. Mon seul souci avait été l'étude approfondie des éléments qui amenaient à prononcer leur culpabilité ou non.
Le parquet général de Paris a voulu former un pourvoi en cassation « dans l'intérêt de la loi ». Une ânerie. Il a été déclaré irrecevable. L'initiative d'un pourvoi de cette nature n'appartient qu'au Procureur général près la Cour de cassation. Le ministère public devrait faire moins de politique et davantage de justice. D'appels en pourvois intempestifs, il contribue à l'encombrement des juridictions.
À ce sujet, je me souviens d'une affaire assez horrible de droit commun. Il s'agissait d'un couple dont la séparation avait été douloureuse. La mère refusait que le père voie son enfant, un bébé, jusqu'à ce qu'un juge aux affaires familiales lui impose de le lui laisser quelques heures le week-end. L'homme s'est alors présenté à l'heure dite au domicile de son ex-compagne. Il est monté à l'étage du pavillon chercher l'enfant pour aller le promener. La mère s'y est violemment opposée. Alors que le père avait pris l'enfant dans son berceau et le tenait dans ses bras, elle lui a porté plusieurs coups de couteau à la gorge. L'homme est sorti de la maison en se vidant de son sang. Il s'est réfugié chez un voisin, où il est décédé. Toutefois, il savait que la rencontre pouvait dégénérer. Il avait glissé un dictaphone dans la poche de son veston et l'avait mis en marche dès son arrivée au domicile de sa compagne. Les cris, les coups, le meurtre, tout avait été enregistré. Le procès de la mère que je présidais devant les assises fut très lourd. Surtout au moment de la diffusion de la bande-son. J'ai vu des jurés pleurer. Cependant, les débats se sont déroulés dans un climat de sérénité et d'humanité assez exceptionnel. L'ac-

cusée avait fait un très important travail sur elle-même en détention. Elle n'était plus celle du déchaînement de haine fatal. Je ne me souviens plus de la peine à laquelle la cour l'a condamnée. Je me souviens qu'elle avait été pleinement acceptée. À la sortie du Palais, j'ai croisé le frère de la victime venu me dire que sa famille avait compris la sentence, qu'ils acceptaient la décision, qu'ils avaient apprécié la manière dont l'audience s'était déroulée, qu'elle avait permis d'apaiser chacun. Quelques jours plus tard, l'avocat général, qui avait requis une peine légèrement supérieure, est venu m'annoncer qu'il faisait appel. « Ce ne sont pas mes réquisitions, la sanction est trop légère », m'a-t-il justifié. Parfois, les décisions du parquet ne sont pas fondées sur l'œuvre de justice mais sur un amour-propre, une fierté mal placés.

Émile Louis et « la bestiole » en lui

C'était à peu près aux deux tiers du procès. Le 17 novembre 2004, l'après-midi. Pris sous le feu croisé des questions de l'avocat général Philippe Bilger et de moi-même, Émile Louis lâche maintenant qu'il est victime d'un complot, avant de demander prestement à aller aux toilettes en raison des cachets qu'il prend. Peut-être aussi pour s'y réfugier un instant. À son retour dans le box, j'avais fermé mon dossier, plus aucun PV devant moi.

« Monsieur Louis, Monsieur l'avocat général vous demandait tout à l'heure de nous dire si vous saviez qui pouvait bien vous en vouloir… Pendant la suspension, je me suis dit : mais il sait qui c'est ! N'est-ce pas quelqu'un de très proche de vous ? Quelqu'un qui vous en veut terriblement depuis vos 14 ans ? », interrogeai-je calmement, les yeux dans les yeux. Plus de juge à accusé, mais d'homme à homme. « Mais cette personne qui vous en veut, n'est-ce pas la "bestiole", Monsieur Louis ? Cette "bestiole" qui vous hante, qui vous pousse à agir, à accomplir ces actes abominables. Cette "bestiole" que vous avez évoquée devant les gendarmes, cette "bestiole" que vous avez déjà citée il y a vingt ans dans un précédent dossier, cette "bestiole" qui vous fait prendre conscience de ce vous avez fait une fois qu'elle vous a quitté… Cette "bestiole"… Mais c'est vous, Monsieur Louis. »

Je l'ai senti vaciller, être tout près de basculer, d'avouer. Enfin. Mais Émile Louis s'est repris. Il a détourné le regard que j'avais réussi à capter. Il est retourné à ses dénégations infâmes. C'est l'un de mes grands regrets de président de cour d'assises. J'aurais aimé qu'il dise les choses pour les familles.

Émile Louis était un homme madré, rusé, aux cheveux blanchis, au visage massif, avec cet accent bourguignon au phrasé traînant. De ces personnalités frustes, qui n'ont pas forcément fait beaucoup d'études mais qui savent, selon leur bon sens naturel, où aller, et où l'on veut les emmener. Émile Louis avait 70 ans quand il a été traduit devant la cour d'assises de l'Yonne à Auxerre, trente ans après les faits...

Il souffrait de diabète mais n'a jamais donné le moindre signe de faiblesse à l'audience, se montrant pugnace, combatif, voyant parfaitement arriver les difficultés, évitant de tomber dans les pièges qui pouvaient lui être tendus, repoussant les arguments qui lui étaient opposés. Parfois même jusqu'à l'absurde. Il était rompu aux interrogatoires. Toute sa vie avait été jalonnée de gardes à vue, d'inculpations, de condamnations. Il avait fait deux ans de détention provisoire après la découverte du corps de Sylviane Lesage sous un tas de fumier dans un abri à bestiaux en 1981 avant d'obtenir un non-lieu. Il avait écopé de quatre ans de prison en 1983 devant le tribunal correctionnel d'Auxerre pour des attentats à la pudeur sur trois enfants confiés à sa compagne par la DDASS, de cinq ans en 1989 devant le tribunal de Draguignan pour des faits similaires commis cette fois sur les enfants de ses voisins de camping. Huit mois avant l'ouverture de son procès devant les assises de l'Yonne, celles du Var lui ont infligé vingt années de réclusion criminelle pour viols avec actes de torture et de barbarie sur sa seconde épouse et agressions sexuelles sur la fille de celle-ci.

Côté face, Émile Louis était ce bon vivant qui devait pousser la chansonnette à la fin des banquets. Il était « Milou », ce jovial chauffeur de car des Rapides de Bourgogne où il était entré après un passage par la SNCF et un engagement dans la Marine « par patriotisme » qui lui a fait faire la guerre d'Indochine. Toujours prêt à rendre service, il avait été enfant de chœur, conseiller municipal, était de toutes les cérémonies officielles, passait pour un bon père de famille, un brave homme un peu vantard, coureur de jupons. Côté pile, l'enfant abandonné à la naissance, qui dit avoir été violé par deux éducateurs dans un foyer, était devenu un prédateur. Un pervers mû par la toute-puissance et la quête de jouissance « dans le vide et la mort de l'autre », qui s'en prend à des personnes fragiles « parce qu'elles évoquent ce qu'il hait à l'intérieur de lui-même », viendront dire à la barre les experts psychologue et psychiatre, soulignant son extrême dangerosité.

Ce n'était pas la première fois que j'avais un tueur en série face à moi. Je présidais la cour d'assises du Val-de-Marne qui a condamné à la réclusion criminelle à perpétuité Claude Lastennet, le 23 octobre 1997. « Le tueur de vieilles dames », comme il avait été surnommé, avait étranglé cinq femmes âgées de 72 à 92 ans, chez elles, entre le 23 août 1993 et le 8 janvier 1994. Les victimes habitaient toutes le long de la même ligne de bus au sud de Paris que Lastennet, 23 ans au moment des faits, repérait au hasard de ses arrêts. Il les tuait moins pour leur prendre leur argent, leur carte bancaire, leurs bijoux que pour le goût de leur sang dans lequel il trempait « son auriculaire droit » avant de le porter à sa bouche, expliquera-t-il au juge d'instruction, à qui il confiera ses « rêves d'immortalité » et sa dévotion à « Lucifer ». À son procès, il ne parlera de lui qu'à la troisième personne lorsqu'il s'agira d'évoquer ses crimes, cette autre personne en lui, ce double maléfique, qu'il dira être parvenu à « tuer avec l'aide des psychiatres, des psychologues et des curés » en détention provisoire. Claude Lastennet est décédé en prison en décembre 2023, à 52 ans.

J'ai eu un rapport assez singulier avec Émile Louis. J'ai tout de suite eu un bon contact avec lui. J'ai senti qu'il me faisait confiance, en tout cas sur le terrain de l'objectivité, de la neutralité. Il a compris que j'étais prêt à l'écouter sans a priori, sans parti pris. Un jour que la partie civile se montrait un peu trop acérée à son goût, il a annoncé qu'il ne répondrait qu'à moi, me renvoyant la responsabilité complète des questions. Il n'a opposé aucune difficulté quand je l'interrogeais. Sauf à reconnaître ce dont il était accusé.
Pourtant, il avait tout avoué aux gendarmes de la section de recherches de Paris venus l'interpeller dans l'affaire des disparues de l'Yonne, le 12 décembre 2000 à Draguignan, où il était parti se faire oublier en 1984. Des aveux précis, circonstanciés. Persuadé d'être protégé par la prescription. Je ne sais pas si l'idée lui est venue après que le juge d'instruction d'Auxerre, Benoît Lewandowski, a refusé d'informer trois ans plus tôt, justement parce qu'il estimait que les faits étaient prescrits, ou si ce sont les gendarmes qui lui ont mis ça dans la tête pour qu'il se confie sans crainte. Dès le début de sa garde à vue, il a demandé qu'on lui montre l'article 7 du Code de procédure pénale qui fixe les délais en cas de crimes pour être sûr.
En tout cas, Émile Louis a parlé. De cet « autre », ce « démon » qui l'« habitait » et le « poussait au mal à la pleine lune », de cette « force surnaturelle », de cette « bestiole » qui le « possédait », sans dire toutefois comment il avait tué. Il a emmené les enquêteurs à Rouvray, près d'Auxerre, sur les bords du Serein, où il aimait pêcher le brochet. Il a montré sept emplacements étendus sur plusieurs centaines de mètres où il a expliqué avoir enterré les corps des sept jeunes femmes âgées de 15 à 26 ans, déficientes mentales légères ou psychologiquement fragiles, disparues entre 1975 et 1979, qu'il avait transportées dans son car, qui avaient été placées chez son épouse, dont il avait été l'amant pour certaines. Le 14 décembre, on retrouvera sur les sites numérotés 1, 2

et 5 les corps de Madeleine Dejust, de Jacqueline Weiss et des vêtements de femme en partie calcinés où il indique avoir enterré Françoise Lemoine. Rien aux autres endroits désignés. Rien de Chantal Gras, de Bernadette Lemoine, la sœur de Françoise, rien de Christine Marlot, de Martine Renault, leurs dépouilles sans doute emportées par les crues. Lors d'un nouveau transport sur les lieux, il désignera les mêmes sept sites pendant l'instruction en mars 2003 à la juge Claudine Philippe qui a repris les investigations à zéro, accomplissant un travail remarquable et à qui je me suis permis d'ailleurs d'adresser une lettre de félicitations. Les mêmes quand, pendant le procès, je ferai emmener la cour et Émile Louis sur les bords boueux et difficiles d'accès du cours d'eau. Moins pour essayer de faire craquer l'accusé que pour que les jurés se rendent compte.

Parce qu'Émile Louis est revenu sur tout dès qu'il a appris que les faits n'étaient pas prescrits. Les aveux en garde à vue ? « J'ai raconté n'importe quoi pour rentrer chez moi. » Les lieux d'ensevelissement ? « C'était au petit bonheur la chance. » Les deux corps ? « Un jour que je pêchais, j'ai vu des hommes au bord du Serein sortir d'un fourgon quelque chose roulée dans de la toile de jute ou du papier et de la terre fraîchement remuée après leur départ. » Il sert la thèse d'« un réseau de prostitution » mêlant « exploitants de bars » et « notables » qui seraient à l'origine des disparitions. Il accuse l'une de ses ex-compagnes d'avoir agi « par jalousie », mais aussi le père nourricier de Madeleine Dejust, l'ex-mari de Bernadette Lemoine… « Monsieur le Président, je vous certifie que j'ai jamais tué ces jeunes filles, je les aimais, ces gamines », me lancera-t-il un jour à l'audience d'une voix larmoyante.

Dans le dossier des disparues de l'Yonne, la prescription n'a jamais tenu. D'abord parce que l'enlèvement et la séquestration sont des infractions continues. Ensuite parce que l'opiniâtreté de Pierre Monnoir et de l'Association de défense des handicapés de l'Yonne a fini par pousser le parquet d'Auxerre et le substitut Bertrand Daillie à s'inquiéter auprès de la DDASS de la situation de ces jeunes femmes en 1993. Un soit-transmis qui aura valeur d'acte interruptif et remettra enfin la justice dans le bon sens.

Pierre Monnoir est un représentant de commerce qui s'intéresse au fonctionnement de la toute-puissante Association pour adultes et jeunes handicapés (APAJH) qui gère une dizaine d'établissements dans l'Yonne et dans l'un desquels son frère vit. Il repère rapidement des dysfonctionnements au sein de l'APAJH, entend parler de rumeurs de disparitions, identifie quatre premières jeunes filles qui se sont un jour volatilisées sans explication, sans raison. Il mobilise les familles, médiatise l'affaire sur RTL, sur TF1 chez Jacques Pradel dans l'émission *Perdu de vue*, dont l'un des journalistes exhumera trois autres cas.

Le 3 juillet 1996, six plaintes avec constitution de partie civile sont déposées et la chambre d'accusation de la cour d'appel ordonnera au juge d'instruire. La chambre criminelle de la Cour de cassation fera son sort à l'argument de la prescription, tout comme la cour et moi-même quand la défense nous le ressortira au premier jour du procès d'Émile Louis pour demander un sursis à statuer en attendant que la Cour européenne des droits de l'homme se prononce sur la question. Nous avons rejeté au nom du principe de délai raisonnable, en l'occurrence largement dépassé.

Une autre personnalité opiniâtre s'était pourtant intéressée à Émile Louis dès 1979 et la disparition de Martine Renault, 16 ans. Le gendarme Christian Jambert pointe que le chauffeur de car est souvent le dernier à avoir vu les disparues qu'il transporte, parfois à bord de sa voiture personnelle, de foyer en institut médicoéducatif, de famille d'accueil en Centre d'aide par le travail, de la maison d'enfants de Montmercy à la gare des Migraines. Il établit un compte-rendu d'enquête mettant en cause Émile Louis dans la disparition de cinq jeunes filles, qu'il remet au parquet d'Auxerre le 26 juin 1984. Ce rapport, d'abord joint au dossier Sylviane Lesage soldé par un non-lieu, se perdra dans les limbes du Palais pour être retrouvé douze ans plus tard aux archives des affaires classées à la faveur des plaintes déposées par Pierre Monnoir et les familles. Lui aussi enfant de la DDASS, touché au plus profond de lui-même par le sort de ces victimes dont personne ne se soucie, l'enquêteur à la retraite de la brigade de recherche d'Auxerre est retrouvé mort le 4 août 1997 dans son garage. Tué par balles dans des circonstances troubles, deux jours avant son audition comme témoin dans le dossier Émile Louis.

Le 3 novembre 2004, l'ambiance est lourde à Auxerre, à l'ouverture du procès. Une ambiance de plomb, comme la chape qui a écrasé la région pendant toutes ces années, souillant la terre d'accueil qu'est par tradition l'Yonne pour les enfants fragiles, abandonnés, handicapés. Une ambiance parfaitement décrite par France Télévisions dans la série *La conspiration du silence*. Parce qu'Émile Louis, ce n'est pas seulement le procès d'un tueur en série. C'est le procès des institutions. De ce mur froid au pied duquel ont été laissées les victimes qui n'intéressaient personne, parce qu'elles n'étaient rien. Au mieux un mur d'indifférence, peut-être de suffisance, au pire de complaisance. La DDASS ne s'est guère montrée vigilante pour protéger ses pupilles, se contentant de lettres circulaires au parquet pour signaler, quand elle le faisait, qu'on était sans nouvelles de l'une d'elles. Pas plus que l'APAJH qui parle de « fugues » qu'il ne faut pas ébruiter parce que « c'est contagieux », impose son fondateur Pierre Charrier. Il les a signalées à ses « autorités de tutelle », dit-il, sans toutefois alerter ni la police ni la gendarmerie. Quatre des sept victimes disparues la même année 1977 fréquentaient pourtant le même IME de Grattery.

À Auxerre, Charrier est une notabilité. Petit instituteur ayant su accompagner la création des instituts médicoéducatifs qui révolutionnent l'approche du handicap au mitan des années 1960, il est à la tête de onze établissements dans l'Yonne et il en est l'un des plus importants employeurs. Sa femme Nicole est élue en mars 1989 conseillère municipale dans l'équipe de Jean-Pierre Soisson, inamovible maire d'Auxerre, à l'époque ministre du Travail, dont le directeur de cabinet préside l'APAJH. Nicole Charrier fera à Émile Louis une attestation de bonne moralité, viendra témoigner en sa faveur lors de son procès pour attentat à la pudeur en 1983. L'honorabilité de Pierre Charrier sera brisée par une patrouille de police qui le surprend un soir d'octobre 1989 sur un parking près du stade de football à l'arrière d'une voiture en train d'abuser d'une jeune handicapée pensionnaire de l'un de ses foyers. Pour ces faits, il sera condamné à six ans de prison.

Le procès Émile Louis, c'est aussi celui d'une certaine société bien établie qui n'a pas su voir, qui n'a pas voulu croire à l'énormité de ce qui était arrivé, d'une gendarmerie qui n'a pas soutenu Christian Jambert, chasseur solitaire, enquêteur parallèle, qui « emmerdait tout le monde » avec ses histoires. Émile Louis, c'est le procès d'une atonie générale, de l'entourage familial honteux de ses déficiences, d'une justice enfermée dans sa tour d'ivoire. D'un abandon incroyable, combiné à une police scientifique pas encore dotée de l'arme ADN, qui a laissé faire toutes les dépravations dans la région. Celle des époux Dunand, celle du couple Fourniret-Olivier.

Pour des raisons qui me sont personnelles, j'ai voulu lors de la tenue de ce procès, et c'est pourquoi je décris en détail son déroulé, restituer à ces enfants une dignité qui leur avait été retirée par une indifférence institutionnelle insupportable. J'ai voulu, aussi, saluer les remarquables efforts et investissements personnels de ces personnes que sont le gendarme Jambert et M. Monnoir, sans qui ces crimes seraient restés impunis.

Un procès est fait de tensions. Intellectuelles, émotionnelles, humaines. Particulièrement celui-ci avec tout ce qu'il charriait de négation de l'autre, d'insignifiance du faible, de suffisance des forts. J'étais heureux le soir de retrouver la chambre que la ville d'Auxerre mettait à l'époque à disposition dans un hôtel particulier du XVIIIe servant à ses réceptions. J'étais heureux d'y retrouver le gardien, qui faisait office de maître d'hôtel. C'était aussi un excellent cuisinier qui me faisait dîner, quand je rentrais tard, avec les restes des repas servis aux invités lors des festivités municipales. Je mangeais avec lui et avec le chauffeur du préfet pendant que ce dernier était reçu par le maire. C'étaient des moments de détente après des journées d'audience à être attentif à tout, dans la vigilance extrême, qui me vidaient. J'appréciais ces instants. Je n'aurais pas supporté de partager mes soirées avec mes collègues, de ressasser l'affaire ou d'autres sujets judiciaires. J'avais besoin de me retrouver seul, de bouquiner, de regarder un peu la télévision, de décompresser avant de me replonger dans mes notes juste avant de m'endormir. Au sortir de l'audience, il m'arrivait d'aller au restaurant. Il n'y en avait pas trente-six d'ouverts à Auxerre après 21 h 30. Une taverne franchisée où je tombais inévitablement sur les journalistes qui couvraient le procès, auxquels j'acceptais une fois de me joindre à la seule condition de parler d'autre chose, comme le relate Stéphane Durand-Souffland dans son livre *Frissons d'assises*[4]. Je leur ai raconté Touvier.

Il n'est jamais facile de mettre ses collègues sur le gril. Quatorze heures durant, au quatrième jour d'audience, nous avons entendu cinq des magistrats, dont deux que j'ai dû contraindre à venir, qui s'étaient succédé au parquet et à l'instruction sur l'affaire des disparues. Je les ai interrogés, sans concession sur la disjonction malheureuse du dossier Sylviane Lesage, des attouchements commis par Émile Louis et des disparitions, sur l'archivage désolant du rapport Jambert. Une enquête lancée par l'Inspection générale des services judiciaires à la demande de la garde des Sceaux

4. Denoël, 2012.

Marylise Lebranchu, en décembre 2000, avait conclu à « un manque de rigueur du parquet ». Pour le moins. À la barre, parquetiers et juges se sont retranchés derrière la charge de travail, les mutations qui ont ajouté à la confusion, la certitude d'avoir pris les bonnes décisions, bien campés dans leur absence de remords ou de regrets. Aucune des procédures disciplinaires intentées contre certains devant le Conseil supérieur de la magistrature n'a donné lieu à une sanction.
Le plus chahuté au procès fut sans doute Jacques Cazals, procureur d'Auxerre entre 1992 et 2000, notamment par les avocats des parties civiles, Didier Seban et Corinne Herrmann. Quand ils étaient venus déposer plainte avec les familles en juillet 1996, il avait refusé de les recevoir. C'est lui qui avait pris les réquisitions suivies par le juge Lewandowski pour rendre une ordonnance rarissime de non informer, le 13 février 1997, au motif que les faits étaient prescrits. « Avec le recul, je suis prêt à admettre qu'il y a eu une sécheresse dans cette procédure pénale de nature à heurter certaines sensibilités », consentira-t-il sous le feu des questions.
Philippe Bilger n'a pas épargné lui non plus nos collègues magistrats. « Si je vous demandais de qualifier le traitement judiciaire de cette affaire, parleriez-vous de dysfonctionnement, de crise, de faillite, de désastre ou d'un fonctionnement à peu près normal ? » René Meyer, procureur d'Auxerre entre 1979 et 1986, n'a pas répondu. Bilger, que j'ai vu de nombreuses fois soutenir l'accusation dans les sessions d'assises que je présidais, était un avocat général tel que je les conçois, ceux qui étayent un procès. Il était redoutable de culture, de maîtrise du dossier, dont il savait parfaitement faire la synthèse, de pertinence dans ses questions, d'éloquence dans ses réquisitions mais plus encore d'appréhension de l'âme humaine. C'est en cela qu'il atteignait les jurés au plus profond de leur intime conviction. Il fallait en face de lui un Dupond-Moretti pour faire jeu égal. Ils avaient les mêmes

conceptions de la justice, l'un pour le ministère public, l'autre pour la défense, et leurs joutes étaient toujours de très haut niveau. Nous n'avons pas eu cela, hélas, dans le procès Émile Louis. Même si j'ai essayé de pallier les insuffisances des conseils de l'accusé pour rétablir un certain équilibre.
Philippe Bilger a réclamé la perpétuité comme « une fleur implacable », « un hommage inflexible » déposé « sur le tombeau visible ou invisible » des victimes, pointant au sujet des institutions défaillantes « l'imperfection des gens ordinaires » qui auraient dû « s'opposer davantage à l'inhumain », fustigeant enfin « une défense dérisoire ». « Si j'avais été l'avocat d'Émile Louis, je lui aurais dit : "Vos crimes, c'est votre horreur, et votre honneur, c'est de les avouer." »
Alain Fraitag, avocat au barreau de Paris, et Alain Thuault, bâtonnier d'Auxerre, étaient loin de cela. Ils ont tout à la fois plaidé la prescription contre l'arrêt de la Cour de cassation, l'irresponsabilité pénale contre les expertises psychiatriques, l'innocence contre les faits. Les aveux ? « Une fanfaronnade » de leur client, « une blague terriblement de mauvais goût ». Les corps retrouvés au bord du Serein ? « Une coïncidence horrible ». Jusqu'à émettre « l'hypothèse folle » que le gendarme Christian Jambert puisse être l'auteur des crimes… « On est au bord de l'erreur judiciaire », a asséné Me Thuault. « Condamner Émile Louis serait aller trop loin contre la présomption d'innocence », a complété Me Fraitag. Au premier jour de l'audience, juste après l'ouverture des débats, ils annonçaient solennellement à la cour la communication d'une pièce déterminante. Une lettre. Celle d'une ancienne institutrice d'Émile Louis qui disait tout le bien de lui quand il était petit. Dérisoire.
Un matin, un membre du jury arrive au Palais avec un article de la presse locale demandant quand le président allait enfin secouer « le dormeur ». Je découvrais que j'avais un juré qui roupillait tranquillement pendant les audiences. Le public, les parties, les journalistes s'en rendaient compte, sauf moi

qui ne le voyais pas, tout au bout de l'estrade derrière laquelle nous siégions. Je lui ai demandé si sa fatigue était telle qu'il fallait procéder à son remplacement. Il m'a dit non. Il s'est repris.

Hormis ce petit incident, le jury, quatre femmes et cinq hommes, était d'une excellente composition, comme je les aime, constitué de gens ayant le sens des responsabilités, qui ne coupent pas les cheveux en quatre, à qui on ne fait pas « gober » n'importe quoi, qui savent analyser les choses. La délibération, qui a duré cinq heures et demie, fut de très bonne qualité. Après trois semaines de procès, nous avons prononcé la perpétuité, le 25 novembre 2004. Même trente ans après les faits, je pense que nous avons rendu une bonne justice. La peine sera confirmée par la cour d'assises d'appel de Paris en 2006. Le pourvoi, rejeté un an plus tard par la Cour de cassation.

Ce fut l'un des grands procès dont je conserve la mémoire. Il aura fait évoluer la loi sur le signalement des disparitions, la prescription en général, en particulier celle des crimes en série.

Émile Louis, qui voulait finir sa vie dans un monastère, est mort dans sa cellule, le 20 octobre 2013.

Cependant, pour moi, les affaires les plus passionnantes ne sont pas les plus médiatisées. Celles qui m'ont le plus marqué et dont je conserve le souvenir sont les affaires qui soit comportent un réel enjeu judiciaire, c'est-à-dire où l'on ne sait pas à l'ouverture du procès si l'accusé sera condamné ou acquitté ; soit celles qui ont une dimension ou portée humaine exceptionnelle. À cet égard, la cour d'assises est un fabuleux laboratoire de l'âme humaine et qui sait s'y intéresser y trouve un formidable enrichissement personnel.

UN GRAIN DE SABLE

« Soyez le changement que vous souhaitez voir dans le monde, mais soyez aussi l'empêcheur de tourner en rond que vous souhaitez voir dans le monde. »

Julian Assange

Faire grincer la machine

Je me rappelle très bien la première fois que j'ai rencontré William Bourdon avec son débit très rapide, ses cheveux en bataille, le pan de sa chemise en dehors du pantalon. J'étais encore à l'instruction. Il a frappé un matin à la porte de mon cabinet. Il voulait intenter une action pour atteinte aux droits de la défense. En effet, une grève des surveillants de prison l'empêchait de s'entretenir avec ses clients à la Santé. Ses arguments juridiques étaient imparables, mais les ennuis que j'allais m'attirer avec cette histoire aussi. Heureusement, le mouvement de protestation a cessé. William Bourdon a retiré sa plainte.

Je l'ai tout de suite apprécié. Sa conception du droit correspondait tout à fait à la mienne : le droit non comme une fin mais comme un outil. Avec William, nous avons noué une amitié très forte, basée sur cette même unité de vue, ces combats qui ont fait de nous des frères d'armes et fait avancer un peu le droit.

J'ai toujours aimé ce grain de sable qui fait grincer la machine, la mécanique parfois impitoyable de l'appareil judiciaire, qui rééquilibre la position du faible et du fort, le pot de terre contre le pot de fer, le vrai rôle de la justice.

Pour notre premier grain de sable avec William, nous n'avons pas fait semblant. Il avait déposé une plainte avec constitution de parties civiles en compagnie de Henri Leclerc, vice-président de la Ligue des droits de l'homme, le 20 juillet 1993, pour « tortures, génocide, crimes de guerre et crimes contre l'humanité », au nom de cinq Bosniaques réfugiés en France : Elvir Javor, Kasim Kusuran, Meho Mujdzic, Munib et Senada Softic, victimes d'exactions serbes lors de la purification ethnique menée dans la région de Kozarac en 1992. La plainte visait nommément des commandants de camps de détention, Zeljko Mejavic à Omarska, Slobodan Kuruzovic à Trnopolje et Dusko Sikirica à Keraterm. Je me suis déclaré compétent pour instruire contre l'avis du parquet, évidemment, plus encore du Quai d'Orsay alors que l'ex-Yougoslavie tentait un « arrangement de paix » avec amnistie de tous les crimes commis à la clef. Je n'ai pas suivi William et Henri Leclerc sur les crimes contre l'humanité ni sur le génocide, qui ne pouvaient relever en droit de la compétence d'un juge d'instruction français. En revanche, j'ai basé l'ordonnance que j'ai rendue le 6 mai 1994 sur les conventions de New York du 10 décembre 1984 et de Genève du 12 août 1949 pour retenir les tortures et les crimes de guerre dès lors que le juge avait le devoir, avant de se déclarer incompétent, d'au moins vérifier que des suspects ne se trouvaient pas sur le territoire français.

Comme je m'y attendais, je me suis fait infirmer en beauté par la chambre de l'instruction de la cour d'appel. Mais j'ai été l'un des premiers à utiliser ce concept de compétence universelle, mécanisme qui permet de se saisir des crimes les plus graves, dès lors qu'il existe des indices faisant présumer la présence de mis en cause sur le territoire français, mais aussi des crimes qui touchent la communauté internationale dans son ensemble, quels que soient le lieu de commission des faits, la nationalité des auteurs ou celle des victimes.

C'est ce que j'ai appelé « le droit d'ingérence judiciaire ». Le droit de bousculer l'inaction des autorités officielles. Cela a déclenché beaucoup de commentaires, de débats chez les juristes, les professeurs de droit. Ma décision a été à la base

d'une très forte réflexion, de toute une série d'articles de presse, de doctrine, de colloques. Le principe de la compétence universelle infuse encore doucement. On l'a vu avec Pinochet arrêté en 1998 en Grande-Bretagne, où il était allé se faire soigner, pour les crimes commis sous sa dictature au Chili. On l'a vu avec son application totale et un peu utopique par la Belgique au regard de la difficulté à mener des investigations partout dans le monde, disposition qui sera d'ailleurs abandonnée en 2003.
Le droit français évolue lui aussi sur la question. La compétence universelle, l'imprescriptibilité, les immunités qui tombent, les mandats d'arrêt lancés, les endroits où il ne faudrait pas mettre les pieds et où l'on vous tombe dessus, le droit international est un droit jeune, encore en élaboration. Il est un facteur d'équilibre et de paix ainsi que le pose le livre sept de la charte des Nations Unies. Lorsque la loi, c'est-à-dire la règle du jeu commune, est transgressée, il faut une réponse de la justice pour que cette stabilité, cette sécurité soient maintenues.
Dans cette veine-là, William Bourdon et moi avions imaginé faire peser la menace d'une arrestation sur les criminels qui poseraient ne serait-ce qu'un orteil sur le sol français à travers une association, Damoclès, la bien-nommée, que nous avons créée. À la différence de la Belgique, nous pensions que la présence du suspect sur le territoire national était l'un des critères sérieux et pertinents pour que la procédure fonctionne. Nous envisagions de travailler avec Reporters sans frontières, à l'époque dirigé par Robert Ménard. Notre idée était de collecter un maximum d'informations partout dans le monde sur les auteurs potentiels de crimes de guerre, de crimes contre l'humanité, de génocides, grâce à RSF et à ses journalistes, de prérédiger des plaintes pour pousser le ministère public à engager des poursuites dès la présence signalée de tels individus sur le territoire français, même lors d'une escale à Roissy ou à Orly. Le conseil d'administration

de RSF a désavoué Robert Ménard qui était très désireux de participer à notre initiative, estimant que celle-ci ne rejoignait pas la vocation de l'organisation. Nous n'étions pas non plus très en phase, il faut le dire, avec la CNIL quant à la constitution de notre fichier. Damoclès n'a pas pu prospérer. Mais on phosphorait. On imaginait.
William m'a incité à rejoindre la Fédération internationale des droits de l'homme (FIDH), dont il était le secrétaire général. On y a mené, en particulier, un profond travail de réflexion sur ce que devait être la Cour pénale internationale. La FIDH fut très en pointe sur l'élaboration de ses statuts.
J'ai effectué un nombre très important de missions pour cette fédération sur la violation des droits de l'homme. La première m'a emmené à Saint-Pétersbourg en octobre 1996. Le capitaine Alexandre Nikitine, officier de la marine russe, avait été arrêté pour espionnage, trahison, violation du secret d'État. Il avait servi sur des sous-marins, il était un spécialiste de la sécurité nucléaire. Militant écologiste, il était l'un des premiers lanceurs d'alerte. Il avait dénoncé auprès d'une ONG norvégienne le danger que présentaient les sous-marins nucléaires abandonnés à la rouille dans le port de Mourmansk, en mer de Barents. Je suis allé examiner le dossier avec une spécialiste du droit russe et entendre son épouse. J'ai argumenté contre le peu de consistance des charges retenues contre Nikitine. Trois mois après, il sortait de prison. Il fut définitivement blanchi en 2000. Une rareté en Russie, même post-soviétique. J'ose croire que nous y étions un peu pour quelque chose…
La FIDH était une organisation composée principalement d'avocats, j'étais l'un des rares magistrats. Nous perdions beaucoup d'énergie à régler des problèmes de personnes au détriment des actions à mener. La médiatisation de William dans ses actions d'avocat faisait grincer des dents. Il a démissionné, je l'ai suivi. Puis il a créé Sherpa et m'a demandé d'en prendre la vice-présidence. J'y suis resté dix ans.

Sherpa avait pour vocation de défendre un peu partout sur la planète les travailleurs victimes du libéralisme à tout crin, de l'économie mondialisée et de lutter contre l'impunité des multinationales. Pour protéger les populations face aux crimes économiques, nous avons entrepris des initiatives juridiques, mais là aussi sans nous départir d'une vraie rigueur dans nos analyses. Nous n'avons jamais cherché à faire des coups simplement pour faire parler de nous. Nous n'utilisions la plainte au pénal que comme un levier pour négocier. Le choix plutôt anglo-saxon de la négociation nous a d'ailleurs valu l'acrimonie d'autres ONG considérant que la pureté de leur engagement commandait de ne jamais transiger. Nous, nous jugions que l'important était que ceux qui nous sollicitaient pour leur venir en aide voient leur préjudice pris en compte, indemnisé, réglé. Nos angles d'attaques ne manquaient pas pour autant d'originalité mais ils étaient toujours étayés.

Nous avons ciblé Samsung, qui se prévalait de règles éthiques strictes assurant le respect des droits de ses ouvriers. L'association américaine China Labour Watch nous avait transmis un rapport selon lequel les sous-traitants chinois de Samsung avaient massivement recours au travail des enfants de moins de 16 ans pour la fabrication de certains de leurs smartphones. Nous avons opposé à cette charte éthique destinée à amadouer le client la « pratique commerciale trompeuse ». Nous avons déposé plainte auprès du parquet de Bobigny avec l'ONG Peuples solidaires et l'association de consommateurs Indecosa-CGT. Cela a pesé dans les discussions avec Samsung, qui a reconnu la nécessité d'améliorer les conditions sociales des salariés.

Nous nous sommes battus jusque devant la Cour de cassation, qui nous a donné raison en novembre 2010, pour que des associations comme Transparency International France puissent poursuivre des chefs d'État étrangers qui pillent les caisses ou les ressources de leur pays au détriment de leur population, pour s'offrir des hôtels particuliers avenue Foch, agrémentés de meubles XVIIIe, des yachts sur la Riviera, des Maserati fabriquées à six exemplaires ou des objets d'art luxueux. C'est le dossier des biens mal acquis.

Nous avons énormément travaillé avec les juristes de Sherpa pour que l'action de Transparency International soit recevable. Et de fait, des instructions judiciaires ont été ouvertes contre les familles Sassou-Nguesso régnant au Congo-Brazzaville, Bongo au Gabon et Obiang en Guinée équatoriale. De très nombreux avoirs frauduleux ont été saisis. William Bourdon m'a confié à plusieurs reprises que, pendant des années, les menaces régulières et les campagnes de diffamation dont il a fait objet avaient été particulièrement pénibles.

Durant ces dix années passées à Sherpa, de véritables enquêtes ont été menées. La première contre Total. Le groupe pétrolier avait construit un pipeline en Birmanie. La junte militaire au pouvoir avait purement et simplement dépossédé de leurs terres les paysans qui se trouvaient sur le passage et les avait contraints à travailler sur le chantier. On est entrés en contact avec une dizaine de ces agriculteurs qui s'étaient réfugiés en Thaïlande. William a déposé une plainte pour travail forcé devant le tribunal de Nanterre. Le juge d'instruction a lancé des investigations en dépit de tirs de barrage des avocats de Total. Je pense que des mises en examen auraient pu intervenir. Total a accepté d'ouvrir un compte abondé à hauteur de 5 millions de dollars distribués à des ONG travaillant en Thaïlande au bénéfice des réfugiés birmans. La firme pétrolière risquait gros en termes de réputation en cas de procès, et sur le plan financier avec des dommages et intérêts sans doute supérieurs.

Mais le dossier qui m'a le plus occupé, c'était Areva et ses mines d'uranium au Niger. Sherpa avait été saisi par des travailleurs locaux contaminés par des poussières radioactives. Certains étaient malades, d'autres étaient décédés de cancers. Je me suis rendu à trois reprises à Arlit, au fin fond du pays, avec Médecins du Monde et la Criirad, la Commission de recherche et d'information indépendante sur la radioactivité. On a fait des prélèvements, on a relevé des niveaux de radioactivité élevés dans l'eau, les sols. On a procédé à des examens médicaux. J'ai entendu sur place le personnel d'Areva, j'ai constaté le manque de protection des travailleurs, le manque de suivi sanitaire. Je suis même revenu à Paris avec du lait de chamelle parce que les Touaregs estimaient que leurs bêtes tombaient malades en broutant l'herbe à proximité des mines. Nous avons réfléchi à différentes options judiciaires de nature à convaincre Areva de prendre en compte les revendications des travailleurs locaux et des expatriés. Finalement, une négociation s'est ouverte. On a obtenu la création d'observatoires de santé sur tous les sites miniers au Niger et au Gabon pour les travailleurs et les populations alentour, mais également l'indemnisation de quelques familles. Malheureusement, les nouvelles équipes qui se sont succédé n'ont pas respecté la lettre et l'esprit de l'accord qui avait été passé. Après plusieurs alertes adressées aux équipes d'Areva, devenu Orano, en lien avec les communautés locales et en accord avec eux, nous avons décidé de dénoncer publiquement l'accord. C'est fâcheux. Une occasion a été perdue mais, sur place, nous avons eu des témoignages d'un changement d'attitude des équipes d'Areva même s'il reste encore beaucoup à faire, notamment en matière de dépollution.

Au bout de quinze ans, William et moi avons estimé qu'il était temps pour nous de nous retirer complètement de Sherpa. Les débuts à trois ou quatre n'avaient pas été évidents, mais c'était devenu une association de juristes étoffée, reconnue internationalement pour son sérieux et son efficacité. Nous avions fait la démonstration que « secouer le cocotier » pouvait fonctionner.

J'avais travaillé avec Médecins du Monde au Niger sur le dossier Areva. Je les ai ensuite accompagnés en Macédoine. Les infirmières et les médecins qui s'y trouvaient accomplissaient un travail remarquable de compétence, de disponibilité, d'humanité dans des conditions difficiles auprès des réfugiés qui fuyaient la guerre au Kosovo. Ils m'avaient demandé de recueillir les témoignages des femmes qui avaient été violées par les Serbes. Le viol comme acte d'asservissement, de domination. Médecins du Monde ne voulait rien laisser passer, voulait sortir de la stricte neutralité du soin comme le pratiquaient Médecins sans frontières ou la Croix-Rouge, dire ce qu'il se passait, dénoncer, ne plus cautionner l'impunité. C'est Bernard Kouchner, à l'origine de Médecins sans frontières, qui avait fait scission pour créer une entité plus militante, plus politisée. On a transmis au TPI les témoignages des femmes kosovares.
Tous mes engagements humanitaires, j'ai pu les mener principalement lorsque je suis devenu président de cour d'assises. Entre les sessions et leur préparation, pendant les congés, je parvenais à dégager du temps pour les missions sans jamais solliciter d'autorisations administratives. Sauf pour la première. J'avais été contacté par Alison Des Forges, historienne américaine spécialiste de l'Afrique des Grands Lacs, membre du conseil d'administration de Human Rights Watch, une femme remarquable disparue dans un accident d'avion. Il s'agissait de participer à une commission d'enquête internationale sur l'assassinat de Melchior Ndadaye, le 21 octobre 1993. Il était le premier président du Burundi élu démocratiquement trois mois plus tôt. Il appartenait à l'ethnie hutue. Cette tentative de coup d'État déclenchera des violences inter-ethniques qui feront entre 50 000 et 200 000 morts, préfigurant le génocide rwandais. J'avais demandé une autorisation officielle au ministère de la Justice pour m'y rendre. J'ai été amené à enquêter au sein même de la caserne de parachutistes soupçonnés d'avoir

mené l'opération. Ambiance ! Nous avons pu identifier un certain nombre d'individus impliqués. Nous avons transmis nos informations à l'ONU. Il n'y a jamais eu de suite.
Mes activités annexes ne devaient jamais peser sur mon travail de magistrat. C'était la règle, même si cela a parfois été un peu juste. Comme au retour de cette session de formation de magistrats tchadiens dans le sud chrétien à la frontière avec le Gabon. Le 4x4 qui me ramenait vers Ndjamena a cassé un cardan en pleine brousse. Nous avons réussi à le réparer avec les moyens du bord, mais une fois arrivés à l'aéroport, pas d'avion. Le trafic aérien mondial était paralysé. Nous étions le 11 septembre 2001. Je suis arrivé à Roissy le matin de l'ouverture de la session d'assises. Pas rasé, pas lavé. Je ne devais pas sentir très bon mais j'ai fait en sorte que l'audience se déroule normalement.
Ces missions, je les ai toujours considérées comme un complément nécessaire à ma fonction de magistrat. Mes collègues, bien souvent, s'enferment dans leur bulle judiciaire, dans leur monde. Sans doute parce que cela les rassure, les sécurise. Je crois qu'il est absolument indispensable d'avoir une ouverture sur le monde extérieur, que ce soit l'entreprise, l'associatif ou, comme je l'ai choisi, la défense des droits de l'homme.
Toujours désireux d'apporter ma contribution à l'évolution du droit, voire à son amélioration, je participe actuellement à la rédaction ou la mise à jour de différents codes de justice militaire de la région du Sahel. En effet, après avoir été sollicité par la Mission de maintien de la paix des Nations Unies au Mali, je me suis rendu à Bamako pour réécrire avec un haut magistrat malien le code de justice militaire de ce pays. À ce jour, je contribue au même travail dans le cadre du programme ACLEP-G5, initié par l'Union européenne, pour la réécriture des codes du Tchad et de la Mauritanie. Cette compétence particulière m'a été acquise lorsque, juge d'instruction, après la suppression des tribunaux militaires

en France, en 1982, j'ai été formé pour traiter ce type de contentieux.

Ce travail est très technique et suppose une étroite concertation avec les militaires chargés de la justice dans chacun des pays concernés. Or, dans un contexte de coups d'État militaires à répétition, faire passer les valeurs inscrites dans les normes internationales de justice est un vrai défi. Mais c'est très enrichissant.

Mes amitiés avocates

Je crois pouvoir dire en toute simplicité que j'étais un collègue courtois, confraternel, arrangeant, si besoin prêt à prendre une permanence supplémentaire. Mais à part deux ou trois collègues, éminents présidents de cour d'assises, je n'ai pas entretenu de relations particulières dans la magistrature.
En revanche, le temps passé avec des avocats pénalistes de très grand talent, tant pendant mon temps à l'instruction qu'aux assises, m'a amené à apprécier les engagements de certains, qu'il s'agisse du respect absolu des droits de la défense et du procès équitable que de la défense des droits de l'homme.
J'ai traité durant toute mon activité professionnelle un certain nombre d'affaires particulièrement chargées d'affects, notamment lors de ces moments particuliers où le procès bascule dans un sens inattendu, ou lorsque dans l'intimité d'un cabinet d'instruction des déclarations de très forte intensité sont faites. Ces instants sont partagés non seulement avec les protagonistes de l'affaire, accusés ou victimes, mais aussi avec leurs représentants que sont les avocats. Cette communion de pensée, de partage donne alors au mot « Justice » tout son sens.
Se sont nouées, dans ces occasions, des relations amicales avec certains avocats, sans que celles-ci me fassent perdre ma neutralité de juge. Je me suis donc toujours montré très

attentif dans le choix des dossiers où ces avocats pouvaient intervenir.

Je citerai comme référence Françoise Cotta, pour qui j'ai beaucoup d'admiration. Elle a su trouver sa place dans un milieu d'avocats pénalistes parisiens très masculin. Elle avait cette capacité à cerner les gens, à les mettre en confiance, à les amener à se révéler, à aller au plus profond de l'âme humaine. Je l'ai eue à plusieurs reprises dans mon cabinet d'instruction. Elle défendait une mère qui avait noyé ses deux enfants dans une baignoire. Elle a su amener cette femme à expliquer sans chercher à la pardonner. Juste pour nous permettre de comprendre. Je l'ai encore vue aux assises rendre son humanité à une mère qui avait torturé sa petite fille, touchant les jurés sans excès, juste avec des mots simples.

Dans les rapports entre un avocat et un magistrat, il y a bien sûr la relation officielle qui s'instaure dans le cabinet du juge ou à l'audience, et puis il y a les échanges informels dans les couloirs du Palais. J'ai en mémoire un avocat, un authentique pénaliste avec qui j'ai traité de nombreux dossiers. Nous nous sommes entretenus à plusieurs reprises, hors procédure, de l'évolution de ceux-ci. Il n'a jamais trahi les impressions, la compréhension du dossier, les orientations que j'envisageais, les informations que lui-même me transmettait, le tout sous « la foi du palais », cette relation de confiance confidentielle. Nous agissions tous les deux dans l'intérêt d'une bonne justice, d'une bonne appréhension des faits et de la personne qu'il défendait. Quand vous avez face à vous des avocats qui partagent la même conviction, sans connivence aucune, sans rien céder sur les principes, sans porter atteinte à l'une ou l'autre des parties, on va dans le bon sens. J'avais une totale confiance en ce talentueux avocat. Je savais qu'avec lui, il n'y aurait pas de pièges ni de trahisons.

Des avocats talentueux, j'en ai rencontré fort heureusement de nombreux. Puis il y a ceux avec qui, en dehors de toutes procédures, j'ai noué de réelles relations amicales.

Avec Marie Dosé, qui fut l'élève d'Henri Leclerc. Quelqu'un de magnifiquement intelligent. Nous échangeons régulièrement sur la justice, sur le droit. Elle a notamment écrit *Éloge de la prescription*[5]. Nous partageons le même avis sur la question et le danger de voir s'étioler ce principe fondamental du droit à l'oubli, quand le souvenir du fait coupable s'en est allé, quand le besoin de l'exemple a disparu, quand l'utilité sociale de punir manque. Sous la pression du mouvement #MeToo, on voudrait rendre imprescriptible le viol, l'inceste. Mais nous pensons qu'il faut réserver l'imprescriptibilité aux crimes les plus graves : les crimes contre l'humanité, le génocide. Il doit y avoir une proportionnalité, et on ne peut pas mettre sur un pied d'équivalence un viol, aussi horrible soit-il, avec ces crimes. Marie Dosé est de la veine des avocates de grand talent.
Parmi mes amis avocats, il y a Michel Laval, un être brillant avec qui j'ai noué des relations authentiques, sincères, profondes. Non seulement nous avons une conception très proche des questions de justice qui agitent actuellement le monde judiciaire, mais je suis aussi admiratif des ouvrages qu'il a rédigés sur Péguy, Koestler, Bergson.
J'apprécie infiniment les relations qui me lient également à Gilles Antonowicz. Il a fait Sciences Po Paris avant d'élever des moutons, puis de devenir avocat. Pour résumer, un parcours étonnamment riche. Je l'ai connu à l'occasion d'un procès particulièrement difficile concernant des mauvais traitements envers une fillette. Il a beaucoup contribué à la recherche de la vérité, à la compréhension humaine des accusés. Nous avons pu échanger au moment des suspensions sur nos centres d'intérêt respectifs. J'ai ainsi appris qu'il avait écrit sur Jacques Isorni, l'avocat de Pétain, sur l'Occupation, sur Christian Marin, ce « Chevalier du ciel », sur le réalisateur José Giovanni, sur l'affaire d'Outreau. Mais aussi sur la fin de vie, sujet qui m'intéresse au plus haut point. Nous avons d'ailleurs signé tous les deux une tribune dans *Le*

5. L'Observatoire, 2021.

Figaro, le 23 septembre 2012, pour demander la légalisation d'une aide active à mourir qui permette à chacun d'envisager sa fin de vie en toute liberté.

Je sais ces procès que l'on essaie de refaire ou de défaire sur les marches du Palais, devant les caméras, les stylos, les micros tendus dans la salle des pas-perdus. Durant une session, je ne lisais pas les journaux, je ne regardais pas la télévision, je n'écoutais pas la radio. Mais les jurés, eux, si. Et ils m'en faisaient le compte-rendu le matin avant la reprise de l'audience. Je les mettais en garde contre le procès instruit par la presse, toujours parcellaire, ne serait-ce parce que les journalistes ne couvrent pas l'intégralité des débats, qu'ils ont leurs mots, leur propre appréciation du dossier, laquelle n'était pas comme la nôtre, collective et tournée vers la manifestation de la vérité judiciaire. De toutes les tensions qui pèsent sur un procès, la plus lourde était pour moi la tension médiatique. Pourtant, j'ai toujours cherché à faciliter les conditions d'exercice matérielles de travail des médias, notamment des croqueurs, ces dessinateurs d'audience qui sont les seuls à pouvoir saisir l'ambiance, les visages, les postures, les apparences alors que les photos sont interdites. Je leur faisais installer une table devant les avocats de manière à ce qu'ils soient au plus près des intervenants, qu'ils aient la meilleure vision possible d'un témoin à la barre, de l'accusé, d'un juré. J'ai toujours apprécié le talent de ces gens-là, même si parfois j'ai eu un peu de mal à me reconnaître dans leurs coups de crayon.

Je crois être en France parmi ceux ayant présidé le plus de procès d'assises. Des médiatiques, qui n'ont pas été pour moi les plus marquants, des plus anonymes qui n'en ont pas été moins prenants, tel cet homme qui a tué ces deux épouses, la seconde sous les yeux des enfants ; ce charcutier-traiteur qui a découpé sa jeune maîtresse et son chien avec méthode et presque « professionnalisme » ; cette vieille femme qui en a fait de même, à la tronçonneuse, avec le corps de son mari trucidé à coups de hache...

J'ai connu des ratés, évidemment. Alors que nous jugions un viol à Créteil, j'ai confondu le nom de la victime avec celui de l'auteur pendant toute la première journée du procès consacrée à l'étude de la personnalité de l'accusé et aux faits. L'avocat de la partie civile n'a pas manqué de me reprendre quant à ce manque de délicatesse pour sa cliente, les jurés ne cachaient pas leur gêne. J'étais très fatigué. Je me suis confondu en excuses. Un mauvais souvenir.

Je pense être passé aussi à côté de la vérité judiciaire lors d'une querelle entre gitans qui avait fait un mort dans un camp de gens du voyage en Seine-et-Marne. Un homme et son neveu revendiquaient chacun le coup de fusil mortel. Devant l'insistance de l'oncle à endosser le meurtre, nous l'avons condamné à dix ans et acquitté le neveu. Alors que nous quittions la salle des délibérations après ce procès peu banal, l'un des jurés est venu me voir pour me dire que selon lui c'était le neveu qui avait tiré, et que l'oncle avait tout pris sur lui car il regrettait d'avoir fourni l'arme et ainsi lui éviter de perdre sa jeunesse en prison. J'ai regretté cette analyse tardive, à laquelle personne n'avait pensé, et que nous n'avons pas abordée à l'audience ni lors du délibéré. L'oncle n'a pas fait appel.

J'aurai présidé au total 450 procès d'assises. Si l'on ajoute les 1 850 dossiers que j'ai traités comme juge d'instruction, on peut réellement dire que j'ai passé ma vie dans le crime.

Intermittent du spectacle

J'étais à la retraite depuis quinze jours quand j'ai reçu un coup de fil en Guadeloupe où je me trouvais en vacances avec mon épouse. C'était en juillet 2013. « Monsieur Getti, est-ce que vous connaissez l'affaire Agnelet ? » C'était le premier assistant d'André Téchiné qui souhaitait réaliser un film sur Agnès Le Roux, héritière du casino le Palais de la Méditerranée à Nice, et son amant, l'avocat Maurice Agnelet, qu'on accusera de l'avoir assassinée et d'avoir fait disparaître son corps. Il cherchait quelqu'un pour jouer le rôle du président de la cour d'assises des Alpes-Maritimes qui allait juger Agnelet lors de son premier procès à Nice en 2006. J'ai accepté sa proposition.

Je me suis donc retrouvé avec ma robe rouge dans la grande salle des assises que j'avais fréquentée pendant dix-sept ans, entouré de cadreurs, d'électriciens, de techniciens. Le tournage a duré une semaine pour trois minutes de rendu à l'écran dans *L'homme qu'on aimait trop*, sorti en 2014. J'avais devant moi Guillaume Canet, qui incarnait Maurice Agnelet, très agréable, il m'a longuement interrogé sur mon métier de magistrat entre les prises, et Catherine Deneuve dans le rôle de Renée Le Roux, la mère d'Agnès, qui nous a tous gentiment snobés pendant le tournage.

André Téchiné, un homme charmant, m'avait donné le scénario. Il souhaitait que la scène du procès soit la plus vraisemblable possible. J'ai réécrit quelques lignes, expliqué aux acteurs qui jouaient les jurés comment fonctionnait une cour d'assises. À l'issue du procès, que nous avons rejoué, Agnelet avait été acquitté. Or, à la simple lecture du scénario, je l'aurais personnellement condamné, ce qui, d'ailleurs, lui arrivera en 2014 après près de quarante ans de procédure, devant la cour d'assises d'Ille-et-Vilaine à Rennes, qui lui infligera vingt ans de réclusion criminelle. J'ai encore mon contrat d'intermittent du spectacle dont je suis très fier, et qui a clos magistralement ma carrière.

En guise de vérité

Cette vie au cœur du crime a été une occasion exceptionnelle de sonder l'âme humaine en ce qu'elle a de meilleur mais aussi de pire. Elle fut l'opportunité de connaître des moments d'une intensité, d'une richesse inouïes, qui m'ont souvent profondément marqué. Elle a été, aussi, la possibilité de faire des rencontres d'une qualité peu commune. Je ne tire pas de fierté particulière d'avoir eu cette chance. J'ai d'abord, et essentiellement, fait mon métier, métier éminemment difficile qu'il faut exercer avec une grande humilité. Chaque magistrat est libre de développer le parcours professionnel qui lui convient. Pour ma part, j'ai choisi de le consacrer quasi exclusivement au domaine pénal. Je n'en demande pas plus. La confiance qui m'a été octroyée fut incontestable. J'espère ne pas l'avoir trahie.

Finalement, je dirais qu'avoir été juge (mot que je préfère à magistrat car il implique toute la mesure qu'un homme doit posséder) m'a permis d'accomplir ce qui, fondamentalement en moi, avait besoin d'émerger.

Ce métier, que j'ai toujours considéré comme tel et non comme un sacerdoce, a présenté une possibilité unique de réaliser ce qui est la raison même de mon parcours de vie. Avoir été confronté à des événements personnels particulièrement douloureux m'a donné cette capacité, cette volonté de réussir quelque chose de fort. Mon métier m'en a donné

l'occasion. Je ne suis pas en mesure de dire si le bilan de quarante années de pratique judiciaire en matière pénale est à la hauteur de mon ambition, je ne suis pas le mieux placé pour le dire, mais je sais que tout ce que j'ai entrepris sur les plans professionnel et personnel l'a été avec une totale sincérité.
En retour de cet engagement, si j'ai reçu la force et la volonté de guider ma vie sur des chemins où les valeurs fondamentales, dont je suis profondément imprégné, ont servi de repères, j'ai eu aussi une forme de reconnaissance dans l'estime que certains avocats ou collègues m'ont portée. Mais le plus fort de cet engagement fut ces instants où, dans une forme de communion, juges, jurés, victimes et avocats nous nous sommes retrouvés sur un égal plan de compréhension qui nous a conduits à une juste décision. En bref, avoir participé à de vrais instants de justice.
Dix-sept années de présidence de cours d'assises après une quinzaine d'années à l'instruction m'ont apporté cette faculté de prendre de la hauteur, voire de l'audace comme dirait Lanzmann, pour porter avec fermeté mais humanité un regard sur le monde de la criminalité.
Que m'en reste-t-il ?
Je ne désire pas m'impliquer dans un débat sur ce que la Justice devrait être, et encore moins sur ce qu'elle est.
Ce livre tente, modestement, de retracer un parcours de vie sous un angle peu connu, celui d'un juge engagé. Engagement qui implique de lourdes responsabilités. Parcourir tant d'années dans ce monde de violence, de sang, de malheur nécessite de prendre des précautions particulières pour ne pas perdre le sens de la fonction de juger. Deux éléments fondamentaux, outre les considérations d'ordre privé, me paraissent essentiels : la présence des jurés dans les cours d'assises, et l'expérience acquise.
Je me suis déjà exprimé sur le premier point, soulignant l'importance de la question. J'ajouterai seulement que la démarche collective qui caractérise un jury d'assises impose

au président de transmettre, d'encadrer les valeurs essentielles, démocratiques et humaines devant amener au juste verdict. Je me suis efforcé de le faire, je n'aurais pas pu exercer si longtemps sans cette exigence.

Concernant le second point, la longévité de mon activité en matière pénale m'a considérablement aidé à assumer la charge des procès. Au fil du temps, l'acquisition de la bonne distance entre compréhension et justification des agissements criminels s'est imposée. Elle m'a permis d'assumer des décisions parfois très douloureuses à rendre. Cette expérience acquise tout au long de ces nombreuses années m'a aussi protégé. Elle a fait en sorte que les moments difficiles vécus lors des audiences, mais aussi lors des interrogatoires dans mon cabinet d'instruction, soient restés sur place, au Palais de justice, une fois les portes refermées. Je n'ai que rarement été envahi par ces journées de tension, de confrontation, de souffrance, et cela m'a offert la possibilité d'enchaîner les affaires criminelles les unes après les autres, avec la même attention et le même respect de tous les justiciables concernés.

Ainsi, lorsque l'on me demande en quoi a consisté mon travail, je réponds que j'ai passé quarante ans de ma vie à poser des questions… En réalité, je comprends que c'est au magistrat que j'étais à qui ces questions étaient posées.

Comment juger si ce n'est chercher d'abord, jusqu'à se sentir au plus proche, la vérité objective et complète des faits ?

Comment faire la part des faits en cause et de l'intégrité des personnes irréductiblement concernées ?

Comment juger sans négliger aucune des règles incontournables du procès équitable et de l'État de droit et notamment celles des droits de la défense, de l'impartialité ou de la présomption d'innocence ?

Comment – et pour qui ? – prononcer et assumer une décision de justice en principe finale à l'égard de faits, d'auteurs, de victimes, de témoins, de la communauté des hommes et

des femmes, dans des circonstances que les mémoires ressentiront de façons diverses, sinon changeantes ?
Comment juger sans renoncer à ses convictions personnelles, morales et de citoyen tout en conservant la loi comme principale référence obligée ? Quelle est la part de la déception, de l'abandon, du pardon ou de la réconciliation dans le jugement prononcé pour autrui ?

Ce livre n'est qu'une tentative de témoigner de la difficulté non de tenir « balance égale » mais la juste distance entre ces devoirs que le magistrat doit s'imposer en conscience et la compréhension qu'il ressent comme un citoyen parmi d'autres.
Avec le recul qu'offre la sagesse du temps de la retraite, ces questions soulevées tout au long de cette activité intense de « rendre la justice » prennent une autre dimension.
Le rythme soutenu du traitement des dossiers d'instruction ou des affaires d'assises finissait par occulter le sens de cette fonction. Délégataire d'une fonction et de l'autorité qui lui est liée, le juge reste néanmoins un citoyen responsable et doit se sentir redevable, non seulement devant sa propre conscience, mais aussi et surtout devant « le peuple français ».
Comment alors répondre concrètement et loyalement à l'attente légitime du citoyen, et encore plus du justiciable, lesquels, sans connaître forcément le « détail de la loi », désirent que ce qu'ils connaissent de faits identifiés se traduise par un jugement conforme à leur sentiment de la justice ?
Ce sentiment de justice cimente la communauté, fonde la reconnaissance et la confiance de chacun dans le système social où il vit.
Je réalise que cette fonction de juge pénaliste telle que je la ressens, la comprends et peux l'exposer aujourd'hui, si j'ai pu l'exercer aussi longtemps, c'est bien parce que j'étais protégé.
En tant que juge d'instruction, la protection offerte par le Code de procédure pénale, parce qu'il est largement admis

et respecté par le corps social, est un véritable bouclier ; en tant que président de cour d'assises, la protection offerte par « la robe rouge » est elle aussi une véritable armure, derrière laquelle s'effacent l'individu et le citoyen. Mais protégé, aussi, par cette garantie d'indépendance statutaire qui m'a autorisé à prendre des initiatives fortes, sans entraves.

Agir sous influences n'aurait été ni digne ni tenable.

Cette forte distanciation m'a, je le pense, insufflé le sens du devoir et de l'engagement nécessaire pour effectivement « gérer » toutes ces affaires criminelles, et je veux le dire avec une sincère modestie, dans la libre et simple exigence d'objectivité, d'indépendance et d'humanité.

Ce parcours particulier m'a conduit à éprouver le besoin de restituer cette expérience et de transmettre ces engagements.

À présent, le livre est refermé.

Il appartient à chacun de se faire sa propre conviction.

Remerciements

Ce livre est le fruit d'une longue maturation. Nombreux sont ceux qui m'ont incité à écrire sur cette expérience professionnelle m'ayant entraîné, pendant plus de quarante ans, dans ce monde particulier de la criminalité.

Toutefois, certaines personnes ont été déterminantes et je tiens à les remercier.

En premier lieu, Olivier Beauvallet qui, avec son amicale persévérance, m'a convaincu de l'intérêt de faire connaître ce parcours très atypique dans le monde judiciaire et qui, surtout, a su trouver la meilleure approche pour m'amener à me livrer sans réticence.

À ce titre, ma rencontre avec Ludovic Daim a été décisive. Ses questions pertinentes, son écoute, sa compréhension ont permis de constituer l'ossature de cet ouvrage.

Je dois aussi remercier Élisabeth Fleury et Stéphane Durand-Souffland, qui furent très présents et actifs dans ma prise de décision de me raconter.

Mon ami et complice de longue date, William Bourdon, a été et est toujours une puissante référence dans ma conception d'exercice de la justice telle que j'ai essayé de la traduire dans mon récit.

Enfin, je remercie tout particulièrement mon grand ami Michel qui a eu, avec patience, intelligence et intérêt, une lecture critique toujours pertinente et constructive des différentes versions que je lui proposais. Il sait toute la confiance et la profonde amitié que je lui porte.

LA COLLECTION

La collection *Figures de justice* présente les récits d'acteurs de justice qui rejoignent les débats de leur temps et parfois l'histoire. Son projet est de contribuer à une œuvre de mémoire destinée aux générations du présent et du futur.

Table des matières